哈佛家训

教子智慧

董亚兰◎编著

北京工业大学出版社

图书在版编目（CIP）数据

哈佛家训教子智慧／董亚兰编著．—北京：北京工业大学出版社，2016.8（2021.9 重印）

ISBN 978-7-5639-4813-0

Ⅰ．①哈…　Ⅱ．①董…　Ⅲ．①家庭教育－通俗读物　Ⅳ．①G78-49

中国版本图书馆 CIP 数据核字 (2016) 第 161130 号

哈佛家训教子智慧

编　　著：董亚兰
责任编辑：马潇潇
封面设计：周　飞
出版发行：北京工业大学出版社
　　　　　（北京市朝阳区平乐园 100 号　邮编：100124）
　　　　　010-67391722（传真）　bgdcbs@sina.com
经销单位：全国各地新华书店
承印单位：唐山市铭诚印刷有限公司
开　　本：787 毫米 × 1092 毫米　1/16
印　　张：14
字　　数：210 千字
版　　次：2016 年 8 月第 1 版
印　　次：2021 年 9 月第 2 次印刷
标准书号：ISBN 978-7-5639-4813-0
定　　价：39.80 元

前　　言

美国哈佛大学诞生于1636年，拥有全美最大的图书馆和众多博物馆。在过去的300多年中它培养出了8位总统、许多位诺贝尔奖获得者，以及数以百计的世界级财富精英。

哈佛大学究竟是如何打造出一颗颗明星的呢？哈佛大学的教育理念中还有多少不为人知的奥秘？为了探索这一秘密，美国作家威廉·贝纳德在2004年出版了《哈佛家训》一书，让哈佛大学的教育理念被世人广知。

在深入研究《哈佛家训》一书和领悟其精神主旨后，为了使《哈佛家训》更好地为中国父母所用，我们从中提炼出教子经验的精华，特策划推出本书，希望它能成为中国父母教育子女的良师益友，让更多的孩子健康、快乐地成长。

本书共分为13章，从不同方面详细论述了孩子在成长过程中遇到的问题，并逐一为父母提出切实可行的家教建议，帮助父母正确了解孩子、教育孩子。

现如今，"万般皆下品，唯有读书高"的思想依然存在于很多中国父母的观念之中。在"创业"一词十分流行的今天，如果一个孩子说自己想"创业"，中国父母恐怕会将孩子和"不务正业""异想天开"等词汇联系起来。但本书要告诉中国父母，孩子创业未必是一件坏事，同时也给中国父母提供了如何正确帮助和指导孩子"创业"的方法，引导孩子走向成功。

本书引用了大量的中国古代及现代家教案例、名人成长故事等，书中文章道理深入浅出，家教方法切实可行，文字表述通俗易懂且生动有趣。我们将哈佛家训和中国教子智慧相结合，让哈佛家训"入乡随俗"，使本土化的哈佛家训理念更贴近中国父母和孩子的心理特点与行为习惯，更好地为中国父母所理解并应用到家教实践中。

我们切实希望《哈佛家训教子智慧》能够对中国的父母有所助益，让父母在轻松的氛围中学会实用的家教技巧，成功培养出优秀的孩子。

目 录

第一章 让孩子在爱的环境中幸福成长

第二章 好父母用心塑造孩子的性格

第三章　悉心呵护，给孩子一生的自信

第四章　智慧培养，教出有责任心的孩子

第五章　用对方法，培养出乐观向上的孩子

第六章　找对窍门，让孩子养成受益一生的好习惯

第七章　教导孩子正确看待自己的优劣势

目　录

第十章　讲究方式，把孩子培养成"社交达人"

第十一章　做孩子成功道路上的指引者

第十二章　让孩子品味人生的真谛

第十三章　梦想，让孩子拥有璀璨人生

第一章

让孩子在爱的环境中
幸福成长

关爱从关注孩子做起

在美国的一个小镇上，有个男孩厌倦了父母的唠叨和管制，于是，他决定离家出走，就在一个夜晚，偷偷离开了家。

可是离家出走的他却发现生活太难了。他的学历不高，年龄又小，每次当他满怀希望求职时，都会被无情地拒绝。他只能走上街头，开始靠捡垃圾为生。许多年过去了，他仍然流浪在街头。

男孩流浪在外期间，他的父亲和母亲一直没有放弃寻找他，每到一个城市，男孩的父母都会停下脚步，哀求道："请让我把这幅画贴在这儿，好吗？"

画上是一位面带微笑、满头白发的母亲，下面有一行手写的字：原谅我们对你的不关注，我们仍然爱着你，快回家吧！

很多年过去了，男孩始终没有看到过这幅画，但他的父母并不灰心，坚持外出贴画。

又过了一段时间，一个灰头土脸的男人在等待他那份免费的午餐时，突然看到了这幅画，他看着画上那张熟悉的面孔，心想：那会是我的母亲吗？

好奇心让他挤出人群，上前观看。不错！那就是她的母亲，他看着画上的那行字，泣不成声。这会是真的吗？

虽然这时天已黑了下来，但他还是不顾一切地向家奔去。当他赶到家的时候，已经是几天后的一个凌晨了。

站在门口，男人迟疑了一下，他不知道自己该不该进去。

终于，他敲响了门。但是很奇怪，门却自己开了。

男人的父母听到声音，马上就醒了过来，母亲看着突然出现的儿子，泣不成声。男人的父亲上前抱住他，低声说道："自打你离家出走后，这扇门就再也没有上锁，它永远为你敞开着。"

很多时候，父母虽然为孩子提供了良好的物质生活，却忽视了孩子成长过程中的其他细节，而这些细节正是反映孩子内心活动的关键。孩子一旦缺乏父母的关心，就有可能觉得自己不被关注，这会影响家庭和睦。所以，父母爱孩子不能只停留在满足孩子吃的、穿的、用的方面，还要细心关注他们，让他们成长得更加快乐。

父母要了解孩子的成长过程，知道孩子的性格、心理等变化，要给孩子创造一个温馨的家庭环境，不要让孩子长期生活在一个经常发生争吵的家庭氛围中，要让孩子快乐地成长。因此，父母要注意优化家庭关系。如果夫妻之间经常闹矛盾，那么就要注意克制自己的情绪了，争取用理智、有效的方法来解决双方的分歧，不要当着孩子的面大吵大闹；如果父母和孩子的关系不和谐，那么父母就要想办法慢慢"收买"孩子的心，让孩子逐渐接受父母的关注和爱护，让孩子变得喜欢亲近父母，心情变好，这样孩子的生活热情也会变高的。

孩子是一个家庭的未来，也是世界的未来，父母都努力让自己的孩子成长得更加快乐。但是，我们经常发现，孩子的很多成长细节父母却忽略了，因此，实际上我们对孩子的关注并不够。

关注孩子要全面，比如孩子的身体健康、心灵成长、学习、生活、喜好等方面父母都要关注。这样才能够更全面地认识孩子、爱孩子，从而也让孩子更容易接受父母的管教。那么，父母应该怎样从细节关注孩子呢？比如，父母可以给孩子做一顿爱心晚餐；日常生活中，当孩子有烦恼的时候，父母要慢慢引导孩子说出自己的心事，并帮助孩子找到解决烦恼的办法；父母要细心关注孩子的行为和情绪，当发现孩子的情绪有变化时，要及时了解情况，帮助孩子舒缓不良情绪。这些都是从细节关注孩子的有效方法。

另外，父母还可以树立一个良好的家风，让爱、尊重和民主成为家庭的主旋律，这也是一种变相的关注。在一个充满爱和关注的家庭中成长的孩子，他的心中也会充满爱，他的品质和成绩也会变得比较出色。

【哈佛教子锦囊】

很多父母觉得自己很爱孩子，对孩子的关注也不少，但其实很多时候，父母对孩子的关注用错了方法和方向，让孩子反而离父母越来越远，渐渐失去了爱人之心。

父母对孩子的关注要具体、全面，还不能带有偏见地去看待孩子的某些行为，要相信自己的孩子是出色的，友爱的。

父母要为孩子创造一个友爱、民主的家庭环境，要让孩子在家庭生活中完全放松，这样才能让孩子更好地体会到来自父母的爱，让孩子一谈起家庭脸上就会出现幸福的笑。

让孩子懂得用爱去帮助他人

圣诞节到了，利娜奶奶的家中冷冷清清，不仅没有漂亮的圣诞树，连过节的食物也没有。

利娜奶奶看看窗外，外面又下雪了。"真不知道该怎么过这个节！"她伤心地想道。

利娜奶奶的邻居是一家热情的人，他们家有一个孩子，名字叫咪丽。咪丽平时不怎么说话，不像其他的兄弟姐妹一样活蹦乱跳的，而且还经常因为零花钱和兄弟姐妹们闹矛盾。

有一次，哥哥詹姆斯说："咪丽，借我 10 美元，下个星期就还给你。"可是咪丽非常不情愿，她嘟着嘴说："我没有那么多，你找别人借吧。"

詹姆斯很气恼，说道："你的零花钱是最多的，平时又不花，现在连 10 美元都没有吗？"

咪丽摇摇头，小声说："没有。"

"让你的零花钱见鬼去吧！"詹姆斯气急了，他不知道自己的妹妹为什么这么吝啬。

原来，咪丽把父母给她的零花钱都存了起来，每年一到圣诞节这一天，她就会把这些零花钱拿出来，给一些穷人和老人买圣诞礼物和过节的食物。今年，咪丽听说利娜奶奶的儿子出车祸去世了，家里只有利娜奶奶一个人，就想为利娜奶奶做点什么。

圣诞节一大早，咪丽和家人道过祝福后就匆匆地跑出了家门，詹姆斯觉得她的行为很可疑，就一路跟了出去。

咪丽去超市买了肉和面包，还请人搬了一棵圣诞树到利娜奶奶家。

"哦，可爱的咪丽，你真是太善良了！"看到圣诞树和美味的食物后，利娜奶奶非常激动，一把将咪丽搂入怀中。

"利娜奶奶，我和你一起过圣诞节吧！"咪丽高兴地说。

"我非常愿意，可是你的家人怎么办呢？"利娜奶奶担心地问。

咪丽想了一会儿，说："他们都是很有爱心的人，一定会同意的。"

这时，利娜家的门铃响了，咪丽打开门一看，原来是詹姆斯。他笑着说："咪丽，妈妈说让利娜奶奶和我们一起过圣诞节。"

咪丽听了十分高兴，拍着手跳起来说："太好了，太好了！"

这个圣诞节，咪丽一家和利娜奶奶比往年过得都要开心。

明代戏曲家汤显祖在其《牡丹亭》中有"岁寒知松柏，患难见真情"一言，也就是说，人们只有在共同经历过患难后才能看出彼此的真情实感。人类是群居性的，只有相互帮助，让自己心中充满爱，才会获得幸福的人生。所以，父母在教育孩子的时候，要多培养孩子的爱心，让孩子心中充满爱和幸福感，遇到需要帮助的人，一定要拿出自己的爱心来帮助那些人。

但是，现在的父母对孩子过度呵护和宠爱。平时生活中，孩子总觉得什么事情都有父母在呢，从来不会考虑自己遇到危险、困难时该怎么办，也很少考虑如何帮助他人，培养爱心的事情。所以，父母要在日常生活中引导孩子，让孩子发现生活中的爱和幸福。

首先，在培养孩子的爱心时，父母要以身作则，做一个有爱心的人。父母是孩子生活中最好的老师，当孩子看到父母用爱心帮助他人时，就会模仿父母。虽然孩子一开始可能不知道父母在做什么，有什么意义，但随着孩子年龄的增长，潜移默化间孩子肯定会变成一个有爱心，善于帮助他人的人。

另外，父母要多让孩子参与一些爱心公益活动，让孩子直观地感受到传递爱心的好处，以此来向孩子讲解什么是爱、什么是幸福，让孩子从小就做一个有爱心、有善心的人。不过，父母也要告诉孩子，在献爱心帮助他人的时候，也要注意自己的人身安全。当孩子遇到陌生人或者是不太熟悉的人需要帮助时，要先寻求大人的帮助，在父母或其他长辈的共同努力下，帮助需要帮助的人。

【哈佛教子锦囊】

人类是群居动物，在共同生活的过程中，难免会遇到困难和危险，有时候这些危难单靠个人是无法顺利解决的，这个时候，就需要得到他人的帮助才行。而危难时刻肯伸出援手的人，才是真正拥有爱人之心的人。

父母要多让孩子参加一些公益活动，鼓励孩子献爱心，多去帮助他人。这样能更直观地让孩子明白什么是爱，什么是幸福。当孩子表现不好时，父母也不要着急，否则只会让孩子不愿意献爱心，这对孩子的爱心培养十分不利。

"溺爱"会毁了孩子一生

早上吃饭的时候，温蒂发现爸爸妈妈和弟弟每个人的面前都是两个面包，只有她面前摆着一个面包。

温蒂觉得这太不公平了。爸爸妈妈吃两个面包，她没意见，可为什么比她小两岁的弟弟也吃两个面包呢？这分明就是看不起她。

温蒂不开心了，也要吃两个面包。

妈妈问："你能吃下两个面包吗？"

温蒂大声说："能！我要吃两个面包！"

妈妈见她坚持，只好又给了她一个面包。没一会儿，温蒂就把两个面包吃完了，她吃得很饱很饱。

温蒂拍着肚子高兴地对妈妈说："妈妈，你看，两个面包我都吃下去了。我说过我能吃两个面包吧。以后每天早上我都要吃两个面包！"

妈妈却微笑着看着她说："你今天是吃下去了两个面包，但明天你要不要吃两个面包，还是等明天再说吧！"

温蒂没把妈妈的话当回事，可半个小时之后，她却觉得肚子胀，口也渴，然后就去喝了半碗水。此时温蒂的肚子比刚才更胀了，而且有点发痛，温蒂开始难受起来。

这时，妈妈走了过来，对温蒂说："平时你吃一个面包就很饱了，但今天你却非要吃两个，可是你却并没有享受到两个面包的好处，相反，它们给你带来了很多痛苦。对不对？"

温蒂这才点点头，捂着肚子说道："妈妈，以后我还是吃一个面包吧！"

这时候，弟弟走了过来，不解地问妈妈："妈妈，你明明知道姐姐吃不了两个面包，为什么不制止她呢？"

妈妈笑着回答道："因为我和你的爸爸十分爱你和你的姐姐啊，但我们不会过于溺爱你们，也不会毫无理由地斥责你们的。"

弟弟似懂非懂地点了点头。

比尔·盖茨虽然是世界首富，但他的子女却没有享受到奢华的待遇。比尔·盖茨说过："我很爱我的孩子们，但我从来不溺爱他们。"他的儿子罗里就经常称呼他为"守财奴"，因为比尔·盖茨几乎没有答应过他任何一次与昂贵之物有关的要求。父母的溺爱可能会毁了孩子的一生，而父母最不希望看到的就是自己的孩子被毁掉。所以，父母在日常生活中要爱自己的孩子，但不可以溺爱孩子，要让孩子体会到生活中的各种困难挫折，这样才能让孩子因为挫折学会爱和爱人，享受到幸福的生活，并在困难中磨炼自己，健康快乐地成长。

那么，什么样的行为算是溺爱孩子呢？比如，在管教孩子的过程中，很多父母都会尽量满足孩子的要求，有时即使孩子的要求有些过分，但只要孩子闹点小情绪、撒撒娇，父母就无条件地妥协，按照孩子的要求去办，这就是溺爱。而父母的这种溺爱不仅会让孩子变得霸道，还会给孩子的成长带来很多不利的影响。

虽然父母爱自己的孩子是天经地义的事情，但是要爱得理智，不能溺爱孩子，否则就会毁掉孩子。除了上面那种孩子要什么就给什么的溺爱方式，父母有的时候还会在精神上溺爱孩子。比如，父母不给孩子独立思考和解决问题的机会，一切事情都替孩子安排好。这便让孩子变成了一个饭来张口、衣来伸手的人，而且他们想要什么都能从父母那里得到满足。这样的孩子性格会变得骄横跋扈、唯我独尊，而且比较自私，不为他人着想，不知道爱是什么，更别提用爱去帮助他人了。当一个孩子从来没有为自己的事情操过心、动过手时，那么他的思考能力和实践能力就会较弱，内心也会比较脆弱，一旦脱离了父母，生存起来就十分困难。这样的孩子抗打击能力也不强，在激烈的社会竞争中，他只会被强者淘汰。所以，为了不让孩子因为父母的溺爱而被社会淘汰，父母应该理智地爱自己的孩子。在管教孩子时，父母要拒绝孩子的无理要求，懂得放手，给孩子独立拼搏的机会，并鼓励孩子自己完成自己的事情，锻炼孩子基本的实践能力。

除此之外，父母不要给孩子特殊待遇，要学会尊重孩子，不要把孩子当作自己的私有财产，要求孩子对自己言听计从，并完全服从父母的安排。这样一来，孩子的自尊心就会受到很大的打击，从而影响身心的健康发展。

父母在管教孩子时，一定要尊重孩子自身的成长规律，既不能揠苗助长，也不能随意为孩子做安排。父母要尊重孩子的人格，要让孩子知道，父母是爱他们的，会尊重他们的每一项决定，但这不代表会答应他们的无理要求。

【哈佛教子锦囊】

父母对孩子的爱是无私的、伟大的，但有时候却也是过分的。在孩子的成长过程中，父母总是担心孩子受到的照顾和爱不够，经常以爱孩子的名义做出一些伤害孩子的事情，这对孩子爱的培养十分不利。

日常生活中，父母要学会对孩子放手，不要大包大办，也不要让孩子完全服从于自己，要给孩子自由的空间，让孩子在父母面前畅所欲言。当孩子想做某件事时或者对某件事做出表态时，父母不要马上否定孩子的想法，要学会放手，给孩子尝试的机会，这才是正确的爱孩子的方式。

爱孩子从理解孩子开始

约翰一家的生活十分窘迫，他的父亲为了养家糊口，只好去另外一个城市工作，这样一来，家里所有的家务都压在了母亲一个人身上。虽然约翰一家生活十分辛苦，但是父母都不想让孩子长大后变成自己这样为了生存而起早贪黑地劳作。

为了改变约翰的人生，父母一直严格要求他，不仅制订了严格的学习计划，还为约翰请了家教老师，一直致力于提升约翰的学习能力。但是对于父母的付出，约翰一直十分不配合，他一次次地把家教老师气走，哪怕挨打，也不愿意按照父母为他制订好的学习计划进行学习。

约翰的母亲为此十分头疼，她觉得她做这一切都是为了儿子好，希望他长大成人后不用再像父母这样辛苦，儿子为什么就不理解父母的用心呢？约翰的母亲一边向被气走的家庭老师道歉，一边倾诉自己心中的苦恼。

家庭老师虽然生气约翰的不配合，但他看得出来，约翰心中也藏着心事，他决定帮帮这对可怜的母子，让他们和好如初。

家庭老师问约翰为什么不按照父母的安排进行学习，约翰一开始还拒绝回答，后来听到老师说了母亲的担忧时，他这才回答道："我不想让父母为我花多余的钱，我有自己的学习计划，而且按照我的计划，我的成绩绝对能够提高，学习之余的时间，我想帮助母亲做一些家务活，还想帮助父亲处理工作上的事情，这样他们就会轻松很多了。可是他们却总是不理解我，我只是不想增加他们的负担罢了。"

当家庭老师把这些话告诉约翰的父母时，约翰的父母既惊讶又喜悦。原来，他们对孩子的了解竟然这样少，他们自认为是为了孩子好的事情，却不是孩子希望得到的。

从那以后，约翰的父母开始试着去理解约翰，听他倾诉心里话，互相沟通，尽全力支持约翰想做的事情，约翰也很感激父母的理解和支持，在帮助父母做一些他力所能及的事情时，更加努力地学习，最终他并没有让父母失望。

　　在日常生活中，很多父母都非常爱自己的孩子，但孩子并不为此买账，反而觉得父母的行为伤害了自己，并不爱自己。很多父母感到伤心和难过，但孩子的感受有时也是有事实依据的。孩子不接受父母的爱是有原因的，那就是父母爱得不到位，也就是说父母不理解孩子到底需要什么样的爱，不知道孩子的内心在想什么。

　　而很多父母总觉得孩子是自己的，自己喜欢的他也会喜欢，自己的梦想他也一定感兴趣，所以在管教孩子时，有的父母就会把自己喜欢的东西强加给自己的孩子，甚至让孩子去实现自己未曾实现的梦想，从不去考虑孩子需要的是什么。父母的这种爱是十分自私的，因为他们把自己的喜好强加给了孩子，无形中给孩子带来很大的压力。

　　父母往往比较重视满足孩子的物质需求，却忽视了对孩子内心的理解。有时候父母的爱会因为自身对孩子的不理解而丧失力度，虽然父母为孩子付出了很多，但孩子基本上不接受这样的关爱，甚至还会反感，从而伤害父母与孩子之间的感情。所以，父母爱孩子要爱到点子上，要理解孩子真正的心理需求，站在孩子的角度设身处地地为孩子着想，这样才能正确传达自己的爱，也让孩子感受到父母的爱，从而理解父母的管教是为了他好。

　　那么，应该如何理解孩子呢？父母要先从倾听开始做起。孩子需要什么、喜欢什么、为什么高兴、为什么生气等，有时孩子不会直接地表达出来，如果父母能从孩子的行为举止捕捉到他的话外音，就能够准确地知道孩子的喜好、烦恼等，从而正确爱孩子、管教孩子、引导孩子，让孩子快乐地成长。

　　有位教育家曾经说过："父母给孩子的本应是无条件的爱。父母应该在爱的框架下教育孩子，不要把孩子当成自己的附属品，他们的路以后还得靠自己走。"在管教孩子时，父母一定要支持孩子、信任孩子，让孩子根据自己的喜好，走自己的路。而且父母还要尽量配合孩子，引导孩子不断地进步，帮助孩子取得成功。

父母要多注意观察孩子，了解孩子的语言习惯、行为习惯等，这样父母才能及时捕捉到孩子心理、情绪的变化，才能让孩子体会到来自父母的爱。

【哈佛教子锦囊】

要让孩子懂得什么是爱，什么是幸福，什么是父母和朋友的爱，就要让孩子学会理解。理解是互相的，是人与人相处的基础。

父母要让孩子知道，只有当孩子学会理解他人时，他才有可能体会到爱人和被人爱的感受，才有可能体会什么才是幸福的生活。

要让孩子感受到幸福的生活，父母也要学会正确地理解和关爱孩子，不要把孩子当成自己的私有物，要给予孩子全方位的关注，给孩子真正需要的关心和爱护，不要变爱为宠，让孩子成为父母的"宠物"，这样孩子是无论如何也学不会爱他人和理解他人的。

生活中让孩子学会感恩

一位老师将学生逐一叫到讲台上，然后面对全班同学说出这位同学对整个班级和对她的重要性，再给每人一条蓝色缎带，上面以金色的字写着："我是重要的。"

之后那位老师想做一个研究，来看看这样的行动对一个社区会造成什么样的影响。她给每个学生三个缎带别针，让他们在社区里用同样的方法进行一场感谢仪式，然后观察所产生的结果，一个星期后回到班级报告。

班上一个孩子到邻近的公司找到了一位年轻的主管，因主管曾经指导他完成了一份计划。

那个孩子将蓝色缎带别在他的衬衫上，并且把另外两个别针给了他，接着解释："我们正在做一项研究，我们必须出去把蓝色缎带送给自己感谢尊敬的人，再给你们其余的别针，让你们也能向别人进行相同的感谢仪式。下次请告诉我，你把这个锻带交给了谁，这么做产生了什么样的结果呢？"

过了几天，这位年轻主管去看他的老板。从某种角度而言，他的老板是个易怒、不易相处的人，但老板极富才华，他向老板表示了仰慕感恩的心情，老板听了十分惊讶。

那年轻人将缎带别在老板外套上，并将所剩的别针送给他，然后问他："您是否能帮我个忙？把这缎带也送给您所感谢的人。这是一个孩子送我的，他正在进行一项研究。我们想让这个感谢的仪式延续下去，看看这对大家会产生什么样的效果。"

那天晚上，老板回到家中，坐在儿子的身旁，告诉他："今天发生了一件不可思议的事。"于是，老板便把今天发生的事情告诉了儿子，并说："当我今晚开车回家时，就开始思索要把缎带送给谁，我想到了你，你就是我要感谢的人。"

"这些日子以来，我回到家里并没有花许多精力来照顾你、陪你，我真是感到惭愧。有时我会因你的学习成绩不够好，房间太过脏乱而对你大吼大叫。但今晚，我只想坐在这儿，让你知道你对我有多重要，除了你妈妈之外，你是我一生中最重要的人。好孩子，我爱你。"

他的孩子听后十分惊讶，他开始呜咽啜泣，最后哭得无法自制，身体一直在颤抖。

他看着父亲，泪流满面地说："爸爸，我原本计划明天要自杀，我以为你根本不爱我，现在我想自杀已经没有必要了。谢谢你，爸爸。"

老板惊呆了，他没想到他差一点就失去了自己在这个世界上最爱的人。

现在不仅是孩子，就连成人中拥有感恩意识的人也越来越少了。现在，我们的生活水平提高了，想要什么都能获得满足，尤其对于孩子来说，想要什么父母就给什么，这样的生活会让孩子觉得父母的照顾和爱都是天经地义的。久而久之，孩子的感恩意识就会变得淡薄，连对自己的父母都不会感激。孩子连父母都不感恩，就更别提去感谢别人了。

因此，父母要注重培养孩子的感恩意识，教孩子做一个懂得感恩、心中有爱的人。其实，孩子不懂得感恩，严格说来是父母的过失，因为父母没有在生活中向孩子讲解感恩的意义，没有让孩子养成感恩的习惯。

父母在教孩子懂得感恩之前，自己也要有一颗感恩的心。比如父母要孝顺长辈，并告诉孩子要懂得感恩父母，感恩他人。这种身体力行的教育会给孩子留下很深的印象，让孩子有这样的意识：父母为我付出了很多，我要感谢他们。

当孩子得到他人的帮助后，父母要教孩子说"谢谢"，要让孩子讲文明懂礼貌，要让孩子礼貌用语常挂嘴边，一句"谢谢"就会让孩子产生感恩的意识。

很多时候，父母的过度心疼和宠爱，也是使孩子感恩意识薄弱的元凶。比如，孩子要做家务，妈妈却说："你去休息吧，让我来。"或者孩子要帮爸爸拿衣服，爸爸却说，"爸爸自己拿就可以。"这样虽然是关心孩子的表现，但也让孩子产生了父母不需要自己为他们做什么的想法，让孩子没有了报答父母、感恩父母的意识。所以，在日常生活中，父母应该给孩子一些报答父母的机会，比如，让孩子帮父母倒一杯水、拿一件衣服、擦一次脸等。

【哈佛教子锦囊】

培养孩子的爱人之心，应从让孩子学会感恩做起。父母要让孩子在家庭生活中也不忘记说礼貌用语，比如，当父母为孩子做了某件事后，要教育孩子对自己说"谢谢"。

日常生活中，应该让孩子尝试着为父母做事，父母不要担心孩子会吃苦或受伤，要让孩子体会到父母照顾他们的辛苦，让孩子在这种环境下对父母感恩，培养孩子的爱人之心。

与孩子交流，从倾听开始

维尔嘉是一名管道工人，她每天的工作都很辛苦，回到家还要面对两个淘气的孩子，真是烦恼得很。

这天一大早，一位农场主就打来电话"召唤"她过去帮自己修理厨房的管道。花了整整一天的时间，维尔嘉才把这位农场主家的厨房管道修理好，然后拖着疲惫的身体回家。

一回到家里，维尔嘉就发现家里乱成了一团，两个儿子还在房间里跑来跑去，她要求孩子们把弄乱的房间收拾干净，可是两个孩子只顾着玩耍，根本不听她在说什么。

丈夫回来后，维尔嘉向丈夫哭诉，丈夫说："你要和孩子多交流，他们都是很听话的孩子。"

"我和他们说话，他们根本不理我。"

"你真的是在和他们说话，而不是下命令吗？"丈夫说道。

维尔嘉一愣，说话不就是交流吗？还分命令不命令吗？

丈夫摇了摇头，说道："你想要让孩子们听你的，你得先听听他们说了什么，学会了倾听，你就会知道怎么和他们沟通，让他们听话了。"

维尔嘉半信半疑，可是她真的太累了，回到家她只想温馨愉悦地度过晚间时光，不想因为这些家庭琐事和孩子们争吵。

于是，维尔嘉听从了丈夫的话，第二天再回到家时，面对一团糟的房间，她没有批评孩子们，而是听听孩子们都在说什么。

大儿子说，我的飞机飞得高。

小儿子说，我的飞机飞得远。

维尔嘉想了想，说："飞机的跑道在哪里？哦，这么脏乱的跑道，飞机怎么降落呢？"

两个儿子第一次"听"到了维尔嘉的话，停下了脚步，认真地观察着乱七八糟的房间。

"是的，妈妈，我觉得我们应该先把跑道打扫干净。谢谢你提醒我们这么重要的事情，妈妈。"大儿子说完就带着小儿子一起收拾起房间来，维尔嘉偶尔在旁边做一些指导，不一会儿，房间就变得干干净净了。

两个儿子很满意，维尔嘉也很满意，因为她终于找到和淘气的孩子们正确交流的方法了。

先听，再说。

在这个竞争激烈的社会中，所有人都在"忙"。大人忙着工作挣钱，而孩子则忙着读书学习。忙来忙去，到最后却把亲子关系忙得渐渐淡薄了。

其实，孩子虽然年龄小，但他们能敏锐地判断出交流的时候，父母是敷衍还是认真对待自己。当孩子想要向父母倾诉时，父母一个真诚的微笑，鼓励的眼神或其他不经意的小动作，都能给予孩子极大的鼓舞，使孩子更加愿意与父母分享自己的"秘密"。反之，如果父母在孩子说话时表现得有些不耐烦，还时不时地打断孩子的话，就会在孩子心里留下"爸爸妈妈对我不重视，不喜欢听我讲心里话"的印象，久而久之孩子也就不愿意和父母沟通聊天了。

所以，在家庭生活中，倾听是很重要的。父母敷衍的态度会对孩子造成不良的影响。所以，为了家庭和睦和家庭幸福，父母要学会倾听孩子的心声，用心听孩子说话，这样孩子也就会变得愿意向父母敞开心扉了。

父母想让孩子经常和自己交流，就要做孩子最亲密的朋友，不要用长辈的身份和孩子沟通，要把自己和孩子放在平等的位置上，要让孩子把父母当作知己，这种和谐的关系才有可能让孩子把深藏在心底的话讲出来。而且，父母应和孩子建立相互信任的关系，多注意自己和孩子说话时的语气和态度，要和孩子处在同一地位上交谈。

在听孩子讲话时，父母要尽量保持微笑，即使有不同的意见时，也不要轻易打断孩子的话，要有耐心，等到孩子把话说完再发表自己的意见，和孩子充分交流。

【哈佛教子锦囊】

很多父母经常抱怨孩子不听话，心里有话却什么也不和父母说。其实，不是孩子不愿意对父母说心里话，而是父母错过了孩子愿意说的时候。

孩子是依赖父母的，在孩子遇到困难或者挫折的时候，最先想到的也是父母。但是很多时候，当孩子想要跟父母交流的时候，父母却因为忙或其他原因，"拒绝"听孩子的话。久而久之，孩子自然就不愿意再和父母说话了。

所以，想要让孩子愿意和父母交流，父母要先学会倾听。孩子的话，父母不仅要听，还要认真地听，听完之后，还要认真地给出回应，让孩子感受到父母的爱和关心，还有父母的诚意。这样的话，孩子自然会愿意和父母交流，把自己的心里话全都告诉父母。

用不同形式的沟通向孩子传递爱

凯莉觉得自己的父母越来越不讲理了，他们不让自己穿奇怪的衣服也就罢了，还管自己要不要化妆打扮，她已经是十几岁的大姑娘了，不需要父母这样严厉地管教她。

每次因为这些事情她都会和父母大吵一架，这一天也是这样，她刚进家门，妈妈就开始说她不学好，气得她"嘭"的一声把自己房间的门关上。

妈妈来敲门，凯莉还在生气。

她说："反正你们根本就不理解我，一点也不为我考虑，以后我再也不和你们说话了。"

妈妈听了女儿的话，愣住了。晚上丈夫回来后，她说："不能再这样了，我们得和女儿好好沟通一下。"

"可是她现在什么也不愿意和我们说啊。"丈夫也十分头疼。

妈妈想了想，说："要不然，我们给女儿写封信吧。"

"有用吗？"

"试试吧。"说做就做，当天晚上，妈妈就给凯莉写了封信。信中，妈妈先向凯莉道歉，并向她解释不让她化妆的原因，还列举了化妆品质量问题的数据，信的结尾处，妈妈写道："虽然我不让你化妆，但是我们可以一起去设计个漂亮的发型，明天可以和妈妈一起去吗？"

收到信的凯莉大吃一惊，第二天，她怀着忐忑的心情陪着妈妈一起去理发店。这一次，妈妈并没有对女儿的事情指手画脚，她想要理什么样的发型就理什么样。相反，凯莉见她选什么样的发型妈妈都不反对，反而有些拿不定主意，开始不停地向妈妈询问，到底哪种发型更适合她。

母女两个一边做头发，一边交谈平时的保养心得，就像一对好朋友一样，之前发生的所有不快都慢慢消散了。

有这样一位母亲，为了和在远方求学的孩子沟通交流，每隔几天就会给孩子写一封信，孩子在外求学的日子里，母亲总共写了几百封信。而孩子在收到母亲第一封信的时候，既惊又喜，他非常愿意和母亲进行这种沟通，每每收到母亲的信，他都会在第一时间给母亲回信。

由此不难看出，想和孩子进行有效沟通，不是只有面对面交流这一种方式。随着孩子年龄的增长，孩子有很多话不方便当面和父母说，这个时候，父母就可以选择一种更加温馨且容易被孩子接受的方式来和孩子"交流"。

亲人之间要加强沟通，沟通能够有效地缓和家庭矛盾，让家庭氛围逐渐和谐起来。如果父母只知道一味地管制孩子，而不是站在孩子的立场上思考问题，那么孩子只会离父母越来越远。当父母有话和孩子说，但觉得孩子不喜欢听时，父母不如改批评教育为私下信笺交流。

而且，父母会发现在写信的过程中，自己的怒火会渐渐平息，心情逐渐变得平静。这时候，父母可能会去思考和反思自己的行为，开始试着去理解自己孩子的行为。这时候，父母通过写作所"说"出来的话已经不是凶巴巴的训斥，而是充满理智和爱意了，这更容易让孩子接受。

除了用信笺交流，父母还可以在和孩子有矛盾时，和孩子一起开办一次家庭会议。会议内容应该是和孩子的生活密切相关的话题或者是最近产生矛盾的一件事，父母把这些话题和事情摆在桌面上，和孩子共同分析和解决。这样才能引起孩子的共鸣，让孩子有话可说。而且，在会议中，父母要多鼓励孩子发表自己的意见，不要让孩子担心自己会说错话，当孩子出现与父母不同的意见时，父母也不要马上指责孩子，而是要耐心地等他说完，再告诉孩子父母的意见。不仅是家庭中的琐事和矛盾可以开设家庭会议，一些比较温馨的家庭话题也可以在会议中讨论，用这样的方法拉近父母和孩子的关系，让孩子感受到爱和幸福。比如，周末到了，爸爸可以问孩子："咱们这个星期去哪里放松一下？"或者妈妈问孩子："今天我们吃什么好呢？"然后一家人坐在一起讨论一下，最后做出决定。这样会让孩子觉得自己很受重视。

【哈佛教子锦囊】

有时候，父母和孩子的沟通并不仅限于语言交流，还可以有很多其他的方式，没准儿其他方式更能拉近亲子间的关系，让孩子更能感受到来自父母的爱和关心。

比如，书信、肢体语言等。当父母发现与孩子不能顺利进行语言沟通时，就可以用这些方式来和孩子进行交流。不管在什么情况下，父母都要对孩子的内心世界有一定的了解，时刻关注孩子的成长，这样才能为孩子的幸福成长做出有效的努力。

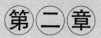

好父母用心塑造
孩子的性格

孩子焦虑怎么办

从前有个人，他不管遇到什么问题，总是会变得十分焦虑，觉得眼前的问题就像一个可怕的怪物一样，会"吃"掉他。

有人劝他："其实这就是一个小问题，你不要把它想得太可怕。"

他听后却不认同，反而觉得对方是在嘲笑他。"不是你遇到了难题，你当然会这样说，等你遇到这种糟心事的时候，你再来这样劝自己，看你会不会被自己劝服。"他不屑地说。

劝他的人听到这样的话，又生气又无奈，只好摇摇头走了。

还有人对他说："你别着急、别焦虑，先想办法暂时解决问题吧。"

"能有什么办法呢？"这个人苦哈哈地说道，"什么方法都不能完美地解决问题，怎么办怎么办，我到底应该怎么办呢？"

就这样，他把一个个给他出主意或者劝他的人都气走了，而他的问题还是没有解决，他依旧每天都处在焦虑的情绪中难以自拔。

焦虑指的是个体由于不能达到目标或不能克服障碍，导致自尊心与自信心受挫，失败感和内疚感增加，进而形成一种紧张不安甚至带有恐惧害怕的情绪的状态。焦虑心理存在于每个人的内心深处，不管是成人还是孩子，在遇到暂时无法解决的难题后，都有可能出现焦虑情绪。对于孩子来说，在受到严重打击或挫折后，尤其容易陷入焦虑的不良情绪中。尤其是上学以后的孩子，当他们功课无法顺利完成、学习没有同学进步明显、做事效率不高等情况发生时，孩子就会出现焦虑情绪，这常常表现为遇事退缩或过度顺从，或容易发脾气、担心害怕，并且孩子拒绝入学，不能很好地完成学习任务。

一般而言，若孩子偶尔出现焦虑情绪的话，对他的身心发育和正常的学习、生活不会产生太多不良影响。但若孩子长期出现过度焦虑的情绪，这对其健康心理、性格的形成会非常不利。所以，日常生活中，父母应时刻关注孩子的情绪变化，不要让孩子长时间处于焦虑不安、恐惧害怕的状态中，这对孩子健康的性格形成十分不利。

当孩子长时间处于焦虑情绪时，父母应该怎么做呢？

首先，父母应经常带孩子接触新鲜事物和环境，让孩子的生活环境不要过于单一，提高孩子对外界环境的适应能力。每到一个新环境中，父母要多陪在孩子身边，帮助孩子尽快适应新的环境。在适应的过程中，如果孩子出现过度焦虑的情绪，并表现出急躁易怒、哭闹不止等不良行为时，父母不要对孩子发火，也不要过于严厉地批评教育甚至恐吓孩子，而是要让他感到安心，并尽快适应新的环境。在日常生活中，父母要多陪伴孩子，并在孩子情绪低落时多鼓励和安慰孩子，让孩子的情绪逐渐平稳下来，不会一直处于焦虑不安的状态下。

其次，父母还要了解导致孩子焦虑不安的原因是什么，如果是因为孩子学习压力太大、自己难以达成目标等问题引起的，父母要积极帮助孩子减轻学习负担，不要给他布置太多的学习任务，要保证他有足够的睡眠和娱乐时间。另外父母还要经常鼓励孩子，增强他的自尊心和自信心，让他用乐观的心态对待学习、生活中的种种困难和问题。父母不能因为孩子的学习成绩下降而盲目地批评训斥，这样只会让孩子的情绪更加低落、更加焦虑，这不利于孩子良好性格的形成和发展。

父母在陪伴孩子的同时，还要了解孩子的兴趣爱好，多陪孩子出去玩，让他多做一些自己感兴趣的事，帮助孩子有效地舒缓不良情绪，减少焦虑情绪的出现，这对他良好性格的形成有很大帮助。

如果孩子的焦虑情绪很强烈，且持续时间又长，就要及时将孩子送医院治疗。

【哈佛教子锦囊】

孩子情绪焦虑可能和适应能力差有关，父母在孩子情绪焦虑的时候应多陪伴在孩子身边，让孩子有安全感。安全感可以有效降低孩子对周围陌生事物的防备心理，让孩子的情绪逐渐平稳下来，走出焦虑状态。

日常生活中，父母不要给孩子太多的压力。压力过大也会导致孩子情绪焦虑，做事毛躁。当遇到困难时，父母要帮助孩子一起耐心地解决问题，不要否定孩子的努力，让孩子不要着急，一点一点地想办法解决问题。

别让孩子被愤世嫉俗的情绪击倒

利亚不管是在父母眼中，还是在老师心里，都算是一个比较上进、性情温和的孩子。可最近，他的行为有些古怪，不知道是什么原因，使他产生了一些消极的情绪，一些愤世嫉俗的情绪。

利亚在与父母交谈的过程中，不止一次表现出一些内心的阴暗面，似乎总是把周围的一切想得很不堪。比如，他对父亲说班主任偏心，对某些学生特别好而不喜欢他，说某个成绩好的学生背地里搞小动作算什么"优等生"等。

还有一次，利亚还对父亲说："我同学的爸爸今天开了辆新车来学校接他，这有什么了不起，还不是赚了我们大家的钱才能买得起……"

"咱们家也有车啊。"父亲想纠正他这种不当的情绪。

可惜，利亚并不同意父亲的说法，他觉得自己家的车只能算是破车，和他同学家的车比起来，太逊了。而他同学家能开得起那么好的车，一定是有"黑暗"的原因的。

父亲觉得利亚越来越愤世嫉俗、仇视社会、痛恨别人，这可不是一件好事情，但父亲找不到正确的引导方法，以纠正利亚愤世嫉俗的想法。

愤世嫉俗指的是不满于当时社会，对当时社会表现出愤怒、怨恨等情绪。生活长期处于不理想状态的人，最容易出现愤世嫉俗的情绪。虽然孩子中有这种情绪的不多，但并不代表一点没有，只不过孩子的这种情绪表现得不是太明显。很多时候，孩子的愤世嫉俗情绪只是一些小牢骚或小抱怨，例如他们对待事物的态度会逐渐变得比较消极，遇到一些不合自己心意的事便满腹牢骚，甚至哭闹耍赖。一开始可能无法引起父母的注意，或者因为表现得不明显，容易被父母忽视，让父母以为孩子只是在发小脾气而已。但孩子长期有这些情绪后，父母就要重视起来了，因为出现愤世嫉俗情绪的孩子，其心理慢慢会变得阴暗，对任何事情都失去信心，整个人也会颓废起来，这对孩子的身心成长和性格形成都十分不利。

当父母发现孩子出现上述此类行为时，父母应立即采取措施改掉他的不良行为，要引导孩子积极、乐观地看待周围的一切人和事，并让孩子对未来、对社会充满信心与希望。而且，在日常生活中，父母对孩子的教育要避免功利性，不要一见到孩子就问"成绩怎么样""考了第几名"之类的话。父母可能只是想了解孩子的学习情况才这样问的，但孩子却不这样想，这只会让他们觉得大人很唠叨，而且大人只看重成绩，根本没有真心关心爱护他。

其实，父母经常会遗忘一个事情，孩子也是个独立的个体，他们比成人更加排斥、厌恶带有功利色彩的事物。尤其是当父母用功利性的眼光看待他们时，他们会更加反感，进而会对此感到愤怒，继而出现愤世嫉俗的不良情绪。

因此，父母应在给孩子创造好的学习和生活条件之余，在其他方面也要多给孩子一点爱，要时常和孩子交流沟通，耐心倾听孩子的心声。父母不能总认为自己是对的，觉得孩子的人生阅历、社会经验少，所以孩子的想法就是错的。父母要相信孩子的想法有时候也是有道理的，只不过因为他的人生阅历少而不够全面仔细罢了。父母要相信自己的孩子，要支持孩子做自己喜欢的事。

【哈佛教子锦囊】

在日常生活中，父母在孩子面前不要用带有功利性的眼光看待问题，这样会让孩子也习惯戴上有色眼镜看待问题，久而久之，孩子就会变得愤世嫉俗的。父母要把自己的人生经验讲给孩子听，让他在遇到不公平的事情时，能正确地看待问题，及时排解心中的愤怒情绪。

父母要多和孩子沟通，当发现孩子有愤世嫉俗的倾向时，要及时向孩子询问原因，了解是什么原因导致孩子产生此类的想法的，再帮助孩子处理不良的情绪，使其转变心情不再愤世嫉俗。

把孩子从爱慕虚荣的旋涡中拯救出来

托尔斯泰出身贵族，但他一点不觉得自己的身份和别人有什么不同，相反，他很喜欢和平民百姓相处在一起，与他们交朋友从不摆大作家的架子。

有一次，他路过一个小火车站。一位女士看到他后，竟然毫不客气地叫住他，说："老头儿！快替我到候车室把我的手提包取来，我忘记提过来了。"

原来，这位女士见托尔斯泰衣着简朴，衣服上还沾了不少尘土，把他当作车站的搬运工了。

托尔斯泰二话没说，赶忙跑进候车室拿来提包，递给了这位女士。

这是一位虚荣心很强的女士，她对托尔斯泰的帮忙一点也不感激，反而高傲地说："我是看得起你才让你帮我拿东西的，这是赏给你的，不用太感激我。"

说完，女士就给了托尔斯泰一枚硬币，托尔斯泰愣了愣，也不客气地把硬币装进了自己口袋。

有其他旅客认出了托尔斯泰，想替他打抱不平，他却摇了摇头。

知道真相后，那位女士犹豫半天也没说出一句道歉的话，她就这样惶惑不安地被开动的列车带走了。

虚荣心是一种心理状态，是一种被扭曲的自尊心，它是自尊心的过分表现，属于一种性格缺陷。那孩子的虚荣心是怎样形成的呢？大部分虚荣心过强的孩子都是因为受到家庭的影响。事实上，家庭环境对孩子个性的形成具有重大影响，如果父母比较注重物质上的追求，那么孩子也会过于重视金钱，从而使孩子形成攀比心理，久而久之就会产生强烈的虚荣心，产生错误的人生价值观。

爱慕虚荣的孩子往往会自恃过高、盲目追随潮流，不能接受别人的批评或是否定，也无法接受别人比自己好。而且，虚荣心强的孩子还会看不起别的孩子，当面对比自己条件优越的孩子时，他们还有可能产生自卑心理。所以，面对虚荣心强的孩子，父母不可大意，一定要慎重对待，想办法改变孩子的态度，帮孩子树立正确的人生价值观。

想要培养孩子正确的人生价值观，让孩子不再爱慕虚荣，父母首先要以身作则，不让家庭生活中的不良因素影响孩子。父母对孩子的影响是潜移默化的，所以在日常生活中，父母不仅要多和孩子摆事实、讲道理，告诉孩子优越的物质条件是要通过自己的努力获取的，还要告诉孩子不要和人攀比。父母不要在孩子面前表现出虚荣的状态，也尽量让自己不要表现出攀比心理，以免影响到孩子的性格形成。

父母还要多关心孩子，关注孩子的行为举止和心理变化，多和孩子进行语言沟通和交流，一旦发现孩子有爱慕虚荣的倾向时，应马上给予积极的引导和教育，引导孩子明确是非，树立正确的人生价值观。父母要告诉孩子，生活中的吃喝穿用之物，都是父母辛苦赚钱买来的，都是有用的，不能单以价格高低来评判一样事物是否有用。

不过，有的时候孩子爱慕虚荣只是想追求美好的事物，想得到他人认可的一种心态。父母要学会分辨孩子到底是因为什么原因产生的虚荣心，再对症下药，帮助孩子善用虚荣心，正确追求生活中的美好事物。父母要告诉孩子每个人都有自己的长处，不要过分计较他人的长处，要学会发现自己身上的优点，发挥自己的特长，以此来正确引导孩子走出虚荣的世界。

另外，父母还要教孩子如何理智地分析他人所取得的成就，不要让孩子盲目地追随他人，要让孩子学会善用"羡慕"的力量，给自己定一个追逐的目标，让孩子以拼搏来获取成功的机会，而不是一味地羡慕他人。

【哈佛教子锦囊】

父母要以身作则，在日常生活中不与人攀比，不过度重视金钱，为孩子树立正确的人生价值观，不要让孩子为物质所累。

父母在表扬和鼓励孩子的时候，应以精神表扬为主，减少物质奖励，这样能帮助孩子建立正确的价值观，对改善孩子爱慕虚荣的情况很有帮助。

另外，父母还要让孩子知道，追求美好的行为是正确的，但如何追求很重要，只有通过自己的努力获得的物质，才能用得放心，使自己获得满足感和快乐。

如何面对乱发脾气的孩子

有个小伙子脾气很差，总是一言不合就和人吵起来，有时甚至还会大打出手，惹得周围的人都不喜欢他。

为此，小伙子也十分苦恼，可他就是脾气差，不知道该如何收敛自己的脾气。

这一天，小伙子在路上走着，突然看到一个老人和他人起了争执，可是还没吵两句，那个老人就以很快的速度跑走了。小伙子十分好奇，就跟在老人后面。小伙子看到老人绕着一座房子跑了两圈，然后坐在门口喘气。

这是怎么回事呢？小伙子就来到老人身边和他聊天。

老人告诉他："年轻时，我一和人吵架、争论、生气，就绕着房子跑两圈，边跑边想，我的房子这么小，土地这么少，我哪有时间、哪有资格去跟人家生气。一想到这里，我的气就消了，于是我就把所有时间用来努力工作。"可小伙子却发现老人的房子特别大，就说："可是你现在的房子不小啊。""是啊。"老人笑道，"可是我现在还是会生气，生气时绕着房子跑两圈，边跑边想，我的房子这么大，土地这么多，我又何必跟人计较。一想到这，气就消了。"

有些父母聚到一起后最常聊的话题就是自己的孩子，讲讲自己的育儿经，再说说最近孩子的新毛病。大多数父母都会说到自己的孩子爱发脾气，总会说"现在的孩子每个都'惹不得'，不听话不说，还总是爱发脾气"。

　　其实，孩子爱发脾气，大多数情况是受父母或周边环境影响的。比如，父母脾气不好，总是大声训斥孩子；孩子的小伙伴中有喜欢大喊大叫的；父母或其他家庭成员喜欢在孩子面前吵架等。这些因素都会导致孩子性格变差，爱发脾气。孩子的心理是很脆弱而敏感的，他们会因为一件很小的事情而开心不已，也会因为一件不起眼的事情而伤心难过。如果在孩子情绪低落的时候，父母又正好在忙或比较烦心，就会忽视孩子的情绪变化，还有可能让孩子受到一顿批评，这会严重影响孩子的性格塑造。

　　因此，在孩子乱发脾气的时候，父母应及时了解孩子情绪转变的原因，对症下药才能收到事半功倍之效。就算一时找不到原因，父母也要学会理解孩子的心情，容忍他一时的小脾气，等孩子心情平复后，再教会孩子管理自己的不良情绪，告诉孩子，心情再不好也不能随便发脾气。父母要用和缓的语言来抚慰孩子的情绪，还要帮助孩子找到合适的情绪宣泄口，给孩子一个发泄情绪的机会，不要一看到孩子发脾气就训斥，这样做反而会让孩子的性格变得更差，面对挫折和不快更容易发脾气。

　　不过，父母要引导孩子使用恰当的方式来发泄心中的不满，不能让孩子用骂人、伤人或毁坏物品的方式来宣泄。如果实在找不到好的方法，父母可以陪孩子一起"激烈"运动一番，让汗水帮助孩子把情绪发泄出来。当然，运动的时候，父母要考虑孩子的身体情况，所选的运动要在孩子身体承受的范围之内，不能单纯为了发泄情绪而伤害孩子的身体健康。另外，大喊几声、玩发泄球等也是不错的发泄情绪的方法，父母可以找出真正适合孩子的办法。

　　如果暂时没有更巧妙的方法来应对乱发脾气的孩子，父母还可以根据孩子的兴趣爱好，人为地组织一些有趣的活动，转移孩子注意力，这样也可以在潜移默化中改善孩子乱发脾气的情况。

　　不管父母用什么方法来改善孩子乱发脾气的情况，都要记住，不能和孩子真的生气，大声训斥孩子。其实，很多时候，孩子发脾气只是想用这种方式来吸引他人的目光。得到的关注越多，孩子就越会大声尖叫地发脾气。而训斥和批评孩子只会起到反作用，让孩子越来越喜欢发脾气。所以，父母面对发脾气的孩子，最好能冷处理，孩子见没人理他，或许自己就会冷静下来了。这个时候，父母再告诉他他的行为是不正确的，这样就能取得很好的制止效果了。

【哈佛教子锦囊】

父母面对发脾气的孩子要有耐心，此时不能冲孩子发脾气，这样只会让孩子的情绪更加不稳定，变得更加爱发脾气。父母要引导孩子将心中的怒气发泄出来，可以是哭一场，可以是运动一番，总之不要让孩子憋着，鼓励他发泄出心中的不满。

改变孩子爱发脾气的毛病是个漫长的过程，父母要有充足的耐心，不要想着马上就能看到满意的结果。在面对发脾气的孩子时，父母要摆正自己的心态，不能因为毫无办法或者是不耐烦，就大声训斥孩子。

教孩子管理自己阴晴不定的情绪

"约翰，快出来，你的好朋友海姆来了！"妈妈一边招呼海姆坐下，一边冲着约翰的房间喊道。

过了一会儿，妈妈见约翰还没出来，又催促道："快点出来！你的好朋友来找你玩了。"

约翰这才磨磨蹭蹭地从屋里走了出来，嘬着嘴坐在沙发上。

"约翰怎么了？"海姆见他出来，马上跑了过去笑着说，"你昨天不是还挺高兴吗？"

"这孩子怎么越大越不懂事儿了！"妈妈不等约翰回答，就严厉地批评了他。

约翰更加不高兴了，一把推开海姆，说道："谁让你来找我的？我今天不想跟你玩。""这孩子。"妈妈很生气，恨不得过去教训儿子一顿，但海姆却摆摆手表示没事，还拉着约翰一块在客厅里玩。

玩了一会儿后，约翰的心情好了点，两个人很快就哈哈大笑起来。可是好景不长，也不知道是怎么回事，约翰突然又闹起脾气来，无论海姆说什么，他都不听，还直叫海姆离开他家。

"没礼貌！海姆来找你玩，你怎么一会儿高兴一会儿又闹腾？快向海姆道歉！"妈妈忍不住又批评道。

"我不，我不，我就不！谁让妈妈总是批评我！"说完，约翰也不顾海姆和妈妈的尴尬，转身回到了自己的房间。

很多时候，孩子也知道自己情绪阴晴不定会让父母及身边的朋友苦恼，可就是有一些孩子无法控制自己的情绪，明知自己不应该闹脾气，但还是忍不住又哭又闹，无法让自己的情绪稳定下来。所以，当孩子表现得比较情绪化时，父母的打骂训斥只会让孩子的性格更加恶劣，这无法从根本上改善孩子情绪化的问题。

那么，父母应该怎么做才能让孩子的情绪不再阴晴不定呢？首先，父母应该加强对孩子冷静处理问题方面的教育，冷静是孩子性格塑造中的"安全区"，能减少孩子情绪化的盲动行为，还能帮助孩子趋利避害，更好地保护自己。当孩子哭闹不停或者情绪波动较大时，父母应耐心等待，让孩子的情绪慢慢平静下来。等孩子的情绪平静下来之后，父母再和孩子摆事实，讲道理，告诉孩子遇事只有冷静处理才能有所收获，哭闹是解决不了问题的。其实，能让孩子遇事冷静的方法很简单。父母可以让孩子深呼吸几次，这样做能有效化解孩子的不良情绪，让孩子的心情平静下来。这是因为，通过深呼吸能改善孩子的生理应激反应，让孩子激动的情绪逐渐平稳下来。父母也可以让孩子用自我暗示的方法来平静心情。比如，当孩子心情不好时，父母应让孩子在心里默念"冷静冷静，我能冷静下来"，这种心理暗示的效果也不错。

很多时候，孩子的年龄和生活阅历等问题，导致他们的心理承受能力较弱，孩子很容易就会在心里累积一些不良的情绪，这些情绪如果得不到很好的发泄，就会使孩子的心情抑郁，这既不利于孩子的成长，也不利于孩子的性格形成。所以，在孩子情绪化的时候，父母应该给予孩子充分的理解和关爱。当深呼吸和暗示法都没有太大效果时，父母不妨让孩子大哭一场，让孩子把心里的不安和委屈都哭诉出来。父母在这个时候要当一个合格的倾听者，当孩子把心里的不良情绪都发泄出来后，再使用一些技巧来抚慰孩子，让孩子知道父母是爱他的，虽然父母不喜欢他哭闹不停，但也不会因此而不爱他。先要让孩子在父母身边拥有安全感，父母再了解孩子情绪化的具体原因，对症下药，逐渐引导孩子改善阴晴不定的情绪。

另外，父母还应教孩子学会评价自己的情绪，让孩子自己说出他所知道的与情绪相关的词语，比如高兴、生气、愤怒等，并让孩子说出其代表的具体内容。然后，父母要带领孩子一起讨论这些情绪都会给我们的生活带来什么好处和坏处，再探讨日常生活中父母都有哪些不良情绪，孩子又有哪些不良情绪，这些不良情绪都应该如何改正。当父母把自己和孩子摆在同一个高度时，就会发现很多以前没注意到的事情，也能更好地了解孩子情绪化的原因。孩子也会因为被父母所信任和理解而愿意敞开心扉，完善自己的性格。

【哈佛教子锦囊】

面对情绪波动较大的孩子，父母要有足够的耐心来面对他们，不要因为不耐烦就训斥孩子或者对其置之不理。

父母要多和孩子沟通，鼓励孩子发泄出心中的不安和不良情绪，并教给孩子舒缓这些情绪的办法，陪孩子一起度过这一时期。

引导孩子拒绝浮躁，踏实走好每一步

一只骆驼在沙漠里跋涉着。正午的太阳像一个大火球，晒得它又饿又渴，让它对这个世界越来越绝望，它越来越想逃离这片沙漠。骆驼憋了一肚子火不知道这火该往哪儿发才好。

正在这时，一块玻璃瓶的碎片把它的脚掌硌了一下，疲累的骆驼顿时火冒三丈，抬起脚狠狠地将碎片踢了出去，却不小心将脚掌划开了一道深深的口子，鲜红的血顿时染红了沙粒。

骆驼更加地愤怒，于是破口大骂，说老天不公。可是它仍只能一瘸一拐地在沙漠中走着，一路的血迹引来了空中的秃鹫。骆驼心里一惊，不顾伤势狂奔起来，在沙漠中留下一条长长的血痕。

当骆驼跑到沙漠边缘时，浓重的血腥味引来了附近沙漠里的狼，因为疲惫加之流血过多，无力的骆驼只得像只无头苍蝇般东奔西跑，仓皇中它跑到了一处食人蚁的巢穴附近。

鲜血的腥味儿惹得食人蚁倾巢而出，黑压压地向骆驼扑过去。

一眨眼的工夫，食人蚁就像一块黑色的毯子一样把骆驼裹了个严严实实。临死前，骆驼后悔地说道："我为什么跟一块小小的碎玻璃生气呢，我为什么总是这么浮躁呢？"

浮躁的情绪会给孩子的学习和生活带来极为不利的影响，它往往是由多方面因素造成的。诸葛亮的《诫子书》中曾这样说："夫君子之行，静以修身，俭以养德，非淡泊无以明志，非宁静无以致远。"讲的就是君子要淡泊明志，拒绝浮躁，沉稳做事，以静来修身养性，完善性格。而现在很多孩子却很少有能静下心来学习和做事的时候。很多父母都经常向亲朋好友抱怨自己的孩子性格浮躁，有厌学、好动的；有注意力不集中的；有丢三落四的；有急功近利的。这些都是孩子浮躁的表现。

孩子变得浮躁和青春期生理和心理发育的躁动、社会风气、外在生活环境等有直接或间接的关系。想要纠正孩子浮躁的情绪，父母应从小培养孩子勤奋务实、持之以恒、沉稳自律的做事习惯，磨炼孩子的耐心和韧性，让孩子学会戒骄戒躁，完善孩子的性格。

性情浮躁的孩子容易被外界新鲜事物所吸引，从而无法集中自己的注意力，他们的兴趣往往也变得很快，做事难以集中精神，比较马虎。倘若父母不能给予孩子良好的指导与教育，就会让孩子的性格有缺陷，无法脱离这种不良习惯的侵害。

那么，父母应该如何让孩子摆脱浮躁呢？

首先，父母要培养孩子的耐性，让孩子从小事入手踏实做完每一件事。通过耐心地完成小事来教会孩子"不积跬步，无以至千里；不积小流，无以成江海"的道理，从而克服孩子心浮气躁的习惯，培养孩子沉稳的性格。父母还要了解孩子的兴趣爱好，根据孩子的兴趣制定培养方向和计划，让孩子从自己感兴趣的东西入手，磨炼孩子的耐性。当发现孩子对某件事感兴趣时，父母就要创造条件鼓励孩子坚持做下去，避免浮躁和三心二意。

针对自控能力比较差的孩子，父母要培养孩子自律和自我约束的能力。比如，多让孩子参加一些素质拓展训练，教育孩子要注重游戏规则等，让孩子通过对外界游戏规则的遵守来逐渐将其转化为内在的自我约束，从而逐渐提高孩子的自我约束能力。父母还要以身作则，给孩子树立一个良好的榜样，尽量不要在孩子面前有毛躁的行为。父母要为孩子的人生道路上亮起一盏明灯，在为孩子照亮成功之路的同时指引孩子脚踏实地地做事，拒绝浮躁，沉稳做事。

【哈佛教子锦囊】

想要改变孩子浮躁的性格，父母要先控制好自己的情绪，在孩子面前塑造自己的良好形象，只有父母遇事稳重，孩子才能不浮躁。

在孩子浮躁不安的时候，父母可以用孩子感兴趣的东西来转移孩子的注意力，让孩子在玩耍的过程中，排解浮躁的情绪。

让孩子做个勇敢的冒险者

一个地质考察队发现了一个罕见的山洞，这个山洞的地形非常曲折，大洞套小洞，变化无穷，还有深潭和峭壁，虽风景秀丽，但也十分危险。

当地媒体把这个山洞的事情曝光出来后，无数的探险者闻讯而来，但是进洞后安全返回的人却少之又少，很多人都在山洞中遇到了这样或那样的危险。

媒体采访了很多半途而废的探险者，询问他们在里面遇到了什么。

这些人脸色煞白，齐齐摇头道：“太危险了，不要去，我们根本走不到尽头。”

竟然没有人探到过它的尽头！于是人们便为该洞取名为“死亡谷”，来这里探险的人也越来越少了。

一年过去了，两年过去了，人们渐渐遗忘了这个危险的"死亡谷"，但是突然有一天，一个头发花白的老者竟然发表声明，说他已经找到了洞的尽头，并安全返回。

许多媒体记者前来采访这位老者，询问他如何成功的，在洞的尽头看到了什么？

老者说："我只是用了一个简单而笨拙的方法，我找了几根长而结实的绳子，把它们系在一起，一头牢牢地拴在我的裤带上，另一头拴在洞口的一棵树上，我还随身携带了方便储存的食物。我就这样进洞了，途中我也遇到了很多危险，可是我始终没有放弃，我来这里是来冒险的，我也做足了准备工作，设想了很多危险情况的发生，也都找到了破解的方法。我想，我要做个勇敢的人，不能就这样放弃。当我走到洞的尽头后，我再顺着这根绳子原路返回，很快就走了出来。"

生活中，很多孩子都害怕吃药打针、害怕一个人出门、害怕走夜路、害怕老师提问……有些孩子从小就胆小怕事、没有勇气面对困难，那他们最终只能是个懦夫，也不可能成为社会的栋梁之材。孩子之所以不勇敢，没有冒险精神，主要是因为父母把他们当作温室里的花朵一样照顾、呵护，使孩子缺乏应对挑战、克服困难的勇气，失去了应有的冒险精神。因此，在教育孩子的过程中，父母应该鼓励孩子勇敢面对生活和学习中遇到的困难，不畏惧、不屈服，成为一个勇敢且具有冒险精神的人。

可以说，冒险精神是孩子成长过程中不可或缺的一种精神，有冒险精神的孩子更勇于承担责任，遇到困难与危险时不会一味地退缩，而是敢于大胆迎接各种挑战。

父母要知道，孩子具有冒险精神，这有助于其情绪与身心的发展，使孩子有勇气做任何事，能帮助孩子获得更多成功的机会。而且，冒险精神不仅是个人发展的动力，更是一个民族、一个国家前进的动力。青少年是国家的未来，是今后社会发展的支柱，那他们就必须具备冒险精神。那么，父母应该如何做，才能培养孩子的冒险精神，让孩子成为一个勇敢的人呢？

首先，父母要学会放手，鼓励和支持孩子去冒险、去体验和探索新的事物，这不仅能培养孩子的冒险精神，还能增强孩子的创造力。父母不能因为担心孩子的安全而不容许孩子接触新鲜或陌生的事物，这会让孩子永远走不出家门，孩子的性格会变得越来越胆小懦弱。

另外，有些父母在锻炼孩子的冒险精神时，会走入一个误区，认为只要孩子坚强大胆、不畏艰险、迎难而上就是勇敢，事实并非如此。很多时候，那些表面看起来勇敢大胆的行为，实则是鲁莽之举。要知道，真正的勇敢和鲁莽还是有区别的。勇敢者遇事冷静，他能机智、细心地应对挑战，从而处理问题；而鲁莽者胆大妄为、举止轻率，虽不惧艰险，却缺少理智的判断，只会意气用事，最后不但解决不了问题，还会使问题更严重。

因此，父母在培养孩子冒险精神的同时，还要让孩子杜绝鲁莽的行为，要教会孩子在困难与危险面前权衡利弊，勤用脑子，要智慧与勇气并存，这样才能成为真正值得信任的冒险者。

【哈佛教子锦囊】

冒险精神可以使孩子变得勇敢，不怕困难，经得起挫折的打击。父母应从小就培养孩子的冒险精神，在保证孩子人身安全的同时，为孩子制造一些冒险的机会。

不过，父母也要让孩子学会分辨勇敢和鲁莽的区别，要让孩子在遇到困难时拒绝鲁莽行动。父母要告诉孩子，真正的勇敢是与智慧共存的，遇到难题时，父母首先要让孩子学会运用智慧，想出办法解决困难，再勇敢地行动，这才是一个真正的冒险者应该有的行为。

第三章

悉心呵护，
给孩子一生的自信

有效消除孩子的自卑心理

米兹来自英国的一个小镇，她是镇里唯一来哈佛大学读书的人，她在小镇的学校里成绩优异，品学兼优。但是，在小镇里出色的米兹来到哈佛后，却发现自己不仅说话土里土气，长相也很平庸，就连上课也听不懂老师在讲什么，短短半年时间她就成了班上成绩最差的学生。这样的落差让她认定同学们肯定都嫌弃她，她甚至后悔到哈佛大学来读书了，自卑的她无奈之下求助于心理医生。

医生对她说："这种对大学生活不适应，内心充满焦虑和自卑情绪的现象很常见，因为来到大学的同学都很优秀，大家都习惯了自己比别人强，不甘心做骆驼群中的小羊。"

"那我该怎么办呢？我真的很讨厌自己现在的状态，我想放弃读书。"米兹痛苦地说道。

心理医生告诉她："在这种困境下，你不应当选择逃避，而要努力去适应环境，不断增强自己的自信心，让原来那个优秀的自己重新回来。也就是说，你需要在哈佛大学建立新的心理平衡点。"

"可是，我不知道该怎么做。"

心理医生说："你要学会多与自己比较，而不与别人比。或者，你可以参加由哈佛学生组织的义工社团，我想，在社团里你会有所收获的。"

听了心理医生的建议，米兹加入了义工社团，果然，米兹在帮助别人的同时，自信心也在不断地增长，她还结交了不少新朋友，她再也不觉得自己是哈佛大学多余的人了。

在孩子的成长过程中，总会有一个阶段，孩子经常会觉得自己在某些方面或各个方面都不如别人，常常拿自己的短处与别人的长处做比较，一遇到困难就想退缩，不相信自己有解决困难的能力。如果父母不能及时发现并改善孩子的这一心理，就会让孩子被这样的心理压垮，孩子会变得自卑，无法自信自强起来。父母要知道，一个孩子长期被自卑心理所笼罩，其身心发展及交往能力都会受到严重的束缚，聪明才智也得不到正常发挥，这对孩子的身心成长十分不利。

那么，孩子为什么会出现自卑心理呢？其实，每个孩子在成长过程中都会有这么一个阶段，有些孩子是因为长期生活在他人的光环下，自我价值得不到体现，有些孩子是因为从小发育迟缓，在学习和做事方面很少得到家长和老师的赞扬。总之，这与孩子很少体会到成功的喜悦，并且在成长过程中很少受到表扬，自信心长期受到压抑有关，这样孩子的自卑心理就会日趋严重，如果父母不及时纠正和正确引导，就会对孩子造成不良影响。

那么，父母该如何消除孩子的自卑心理呢？

其实，每个孩子都有自己的长处和优势，同时也有自己的短处和劣势。父母要帮助孩子发现他们的长处和优势，并为他们提供发挥长处的机会和条件，这是帮助孩子克服自卑心理的有效方法。

有时候，孩子的自卑心理是被父母吓出来的，当孩子做错事的时候，父母马上就大声批评呵斥孩子，这让孩子对父母产生了恐惧心理，为了不挨骂，孩子做事变得放不开手脚，总担心出错，久而久之，就会让孩子变得不自信，甚至自卑。所以，不管遇到什么事，父母不要急于批评孩子，当孩子做得好的时候，父母还要及时表扬他。父母要经常鼓励孩子，对孩子说"你真棒，爸爸妈妈相信你一定可以做得更好的"。

【哈佛教子锦囊】

自卑是每个孩子在其成长道路上都有可能出现的问题，有些孩子随着时间的推移能很快走出自卑的迷谷，而有些孩子则很难依靠自己的力量走出来，这时候就体现出了父母的重要性。父母要帮助孩子消除自卑心理，让孩子不要害怕受挫折，要学会自立自强，自信地面对困难。

有时候，孩子的自卑心理是被父母"吓"出来的。所以，父母在日常生活中，对孩子要少一些打骂，多一些关爱，要了解孩子不自信的原因，对症下药，帮助孩子做最好的自己。

孩子摔倒了，鼓励他自己站起来

被球迷们亲切地称为"新版马拉多纳"的足球运动员里奥·梅西，曾在2009年带领巴塞罗那取得西甲、国王杯、欧洲冠军联赛三冠王的好成绩，他还在同一年击败克里斯蒂亚诺·罗纳尔多获得欧洲金球奖，20天后又在第19届国际足联颁奖典礼上荣获"2009年世界足球先生"称号。那一刻，他微笑着说："我相信，只要努力，梦想就离你不远了。"

但是，梅西的自信并不是生来就有的，他也曾有过一段跌倒后重新站起来的人生经历。

梅西从小就喜欢足球，但10岁的他在和几个同龄孩子一起踢足球时，却受到了很大打击。

有一天，队友好几次将球传到他脚下，可他却因过度紧张而闭上了眼睛，几次都错过进球的好机会。结果，他的球队惨败，队友们都对他发出嘲笑的嘘声，还往他脱下来的球鞋里吐口水，甚至当场给他起了"臭鞋大王"的外号。

这场球赛之后，梅西难过极了，他想过要放弃。可正当他失落、心烦意乱之时，父亲找到了他，对他说："一个人要想成功，就要勇敢坚强地接受失败，要从跌倒之处重新站起来，一步一步地走自己的路。"

父亲的话给了梅西很大的鼓励，思考一夜后，他暗自发誓，要经过不懈努力，成为像马拉多纳那样伟大的球员，登上足球事业的顶峰，成为世界足球先生。

从那以后，梅西每天都积极地参加足球训练，面对教练的批评、队友的指责，他都虚心接受、坦然面对。无论何时，他总是相信自己能够走出困境，也相信这个世界会接纳他，他的梦想也会一点点实现。

终于，他在跌倒后重新站了起来，取得了辉煌的成就。

每个人来到这个世界上，都是有其用处的。俗话说："天将降大任于斯人也，必先苦其心志，劳其筋骨，饿其体肤……"

可是现在很多孩子却"跌倒"在成长的路上，没有父母或他人的扶持，就无法自己站起来，他们就好像不会独自行走一样。这多与父母舍不得孩子吃苦，见孩子"摔倒"了马上就去"扶"有很大的关系。一位伟人曾说过："人要学会走路，也得学会摔跤，而且只有经过摔跤，他才能学会走路。"可见，摔得起跤的孩子，才能真正学会走路。

所以，在孩子的成长道路上，父母不要阻碍孩子独自学习"走路"，更不要一见孩子摔倒，就赶紧冲上去扶孩子，不给他们自己站起来的机会。不仅如此，父母还要从小培养孩子"自己跌倒自己爬起"的思想意识，父母可以多给孩子讲些自信自强的故事，或者拿身边自信自强的事例教育孩子，让他明白不怕摔跟头、不怕痛苦是件光荣的事情。当孩子从小就接受这种思想教育时，就会变得自信自强，不再把摔跤当成多大的难事了。摔倒了，孩子自然而然就会想到要自己站起来，不再依靠父母或他人。

【哈佛教子锦囊】

父母要从小培养孩子吃苦耐劳的品质，让孩子不要害怕跌倒，要学会自己勇敢地站起来，不要哭泣不停，不要总想着靠别人扶才肯站起来。要让孩子自信自强，要相信自己能战胜一切困难，跌倒了不算什么，不敢站起来才是真正的懦夫。

日常生活中，父母要给孩子独立做事的机会，借此来培养孩子的自信心。当孩子摔倒后，父母不要第一时间跑去扶孩子，要鼓励他自己站起来，并在他站起来后给予一定的精神鼓励和安慰。

帮助孩子树立自信心

在美国职业篮球队中有一个夏洛特黄蜂队，其中有一位身高仅1.60米的运动员，他就是蒂尼·博格斯。

博格斯自幼十分喜爱篮球，但由于他身材矮小，伙伴们瞧不起他，都觉得他不是打篮球的料儿。

被嘲笑的博格斯很伤心，有一天，他问妈妈："妈妈，我还能长高吗？"

妈妈鼓励他说："孩子，你当然能长高，还会长得很高很高。不过，就算你长不高，也一样会成为人人都知道的大球星的，你要相信自己，要有信心。"

听了妈妈的话后，这个长高并且成为球星的梦像天上的云一样在他心里飘动着，每时每刻都闪烁着希望的光芒。

当"业余球星"的生活即将结束时，博格斯面临着更严峻的考验——他最终还是没有长高，只有1.60米的身高能打好职业赛吗？

博格斯开始怀疑自己，但想到妈妈的鼓励，他横下心来，决定要凭自己1.60米的身高在高手如云的NBA（美国男子篮球职业联赛）赛场中闯出自己的一片天地。

"别人说我矮，这反倒成了我的动力，我偏要证明矮个子也能做大事情。"他说。

后来，在一次比赛中，人们看到蒂尼·博格斯简直就像个"地滚虎"，从下方来的球百分之九十都被他收走……

凭借精彩出众的表现，蒂尼·博格斯加入了实力强大的夏洛特黄蜂队。一份杂志专门为他撰文，说他个人技术好，发挥了矮个子重心低的特长，成为一名使对手害怕的断球能手。

"夏洛特黄蜂队的成功在于博格斯的矮"，之后，不知是谁喊出了这样的口号，越来越多的人也都赞同这一说法，许多广告商也发行了

"矮球星"的照片，照片上面印的正是自信地微笑着的博格斯。

没有人生来就会成功，也没有人生来就懂得什么是自卑，什么是自信，关键在于父母在生活中是如何教育孩子的。孩子的言行都可以表达出孩子的个性和心理，所以父母应该密切关注孩子的言行举止，当孩子有自卑迹象的时候父母要及时给予鼓励，帮助他重拾自信，赢得精彩的人生。

很多时候，孩子的自信和自卑取决于周围人尤其是父母对他们的评价。如果父母对孩子要求过高，或者经常批评和否定孩子，孩子就非常容易产生自卑心理。相反，如果父母喜欢鼓励孩子，在父母的鼓励和引导下，孩子就会变得自信自强，树立良好的自信心。

因此，父母要学会肯定孩子的进步，正确引导孩子树立自信心。在日常生活中，父母要密切关注孩子的行为举止，采取正确的方式对孩子进行引导。当发现孩子身上有哪怕是非常微小的进步时，父母也要及时对孩子给予表扬，并鼓励孩子再接再厉，争取更进一步。不过，在夸奖的过程中，父母不能过于夸张，以防孩子因为父母盲目地表扬而变得虚荣和骄傲，反而对孩子的成长不利。

要帮孩子树立自信心，父母就要学会从孩子的角度观察和决定事情，让孩子感到自己被尊重。日常生活中，孩子的每一个举动，都可能是他主动探索未知世界的行为，父母不应站在自己的立场上去要求孩子做事，而要从孩子的角度出发去支持、鼓励并帮助孩子，从根本上让孩子感受到自己是被尊重和肯定的。这样才能让孩子摆正心态，树立良好的自信心。

【哈佛教子锦囊】

孩子的自信心是靠父母鼓励和肯定出来的。在日常生活中，父母要多肯定孩子的行为和意见，对孩子说的话要认真倾听，不能随意敷衍，否则只会让孩子觉得自己不被重视，打击孩子做事的积极性。

父母要多从孩子的角度和立场去看事情，不要孩子一犯错就又是批评又是教育又是惩罚的，要相信自己的孩子做事一定是有道理的，只有父母的信任才能让孩子抬起头做人，才能帮助孩子树立自信心。

让孩子学会自我激励

在一个小城镇里，可丽的学校准备排演一出话剧，很荣幸的是可丽被选为话剧中的女主角，她高兴极了。

为了演好这出话剧，接连几周，可丽都让母亲陪她一道练习台词。可是，无论她在家里表现得多么好，一站到舞台上，她头脑里的台词就消失得无影无踪了。

眼看着演出的时间越来越近，可丽还是无法在舞台上说出完整的台词，最后，老师只好让别人替代了她。

老师告诉可丽："你很好，可丽，但是我们不得不更换女主角，不过你不要伤心，我们还有一个道白者的角色一定会很适合你的。"

虽然老师的话很亲切婉转，但还是深深地刺痛了可丽的心，尤其是她看到另一个女孩正在台上出演女主角的时候，她更难过了。

虽然可丽没有将这件事情告诉母亲。然而，细心的母亲却觉察到了她的不安，就把她叫到院子里聊天。

她们走到院前的花圃旁，母亲在一棵蒲公英前弯下腰，说："我想我得把这些杂草统统拔掉，让咱们这花圃里就只留下美丽的蔷薇花。"

"可我喜欢蒲公英，"可丽抗议道，"所有的花儿都是美丽的，哪怕是蒲公英！"

母亲微笑着回头看她："对呀，每一朵花儿都以自己的风姿带给人愉悦，不是吗？"

"对人来说也是如此。"母亲又补充道，"不可能人人都当女主角，但当不了女主角并不值得羞愧。"

原来母亲已经猜到了她的心事，可丽难过地低下了头，把发生的不愉快全告诉了母亲，也向母亲倾诉了自己心中的不甘和委屈。

"但是，你将成为一个出色的道白者。"母亲说，"道白者跟女主角一样重要。"

　　果然，听了妈妈的话，可丽提起了干劲，她不断地告诉自己，道白者也是十分重要的。

　　演出那天，可丽成功地完成了表演，她的表现受到了一致好评，大家都说，这个道白者真是太出色了。

　　美国心理学家威廉·詹姆斯曾说：有效的自我激励能够使人更充分地发挥出自己的能力，而一个善于自我激励的孩子，他能使自己在日常生活中拥有更良好的自我感觉，这种感觉会促使他不断向好的方向发展，最终在学习、生活中取得更大的进步和更好的成绩。

　　而且，懂得自我激励的人，往往能在不断前进的过程中充分发挥自身潜能，最终实现自己的目标；而不会自我激励的人，就算他天赋异禀，也很可能无法将天赋充分利用，甚至一生碌碌无为。

　　由此可见，让孩子学会自我激励，是一件十分重要的事情。有研究表明：没有进行过自我激励的孩子，仅能发挥其能力的20%左右，而经常自我激励的孩子，其发挥的潜能相当于激励前的3～4倍，即80%左右。

　　那么，孩子自我激励的能力该如何培养呢？

　　首先，父母要用欣赏的眼光看孩子，要及时发现并赞扬孩子的优点与长处，让他在心里产生一种自我激励的内驱力，促使他在今后的学习、生活中不断超越自己，督促自己进步。不过，父母的夸奖也要有度，要实事求是地给予孩子表扬和肯定，不能过于浮夸，否则就会让孩子骄傲自满，并且每做一件事情都要得到父母的表扬与奖励，这就与父母的目的背道而驰了。

　　而且，父母在奖励孩子的时候，要注意物质与精神相结合，不能只注重物质奖励而忽视对孩子精神层面的激励。有时候，父母一句真诚的赞扬比物质奖励更能打动孩子的心。父母在培养孩子的自我激励能力的同时，不要忘记把自我激励的好处告诉孩子，要让孩子知道，父母夸奖得再多，也抵不上他自己对自己的鼓励，父母要让孩子对自己更有信心，让孩子自己激励自己更加努力地去做好每一件事。

　　日常生活中，父母在教孩子自我激励的同时，要让孩子学会积极的自我暗示。要让孩子在自我激励的同时，还要自信起来。不管遇到什么样的困难和挫折，父母都要让孩子不断暗示自己"我可以做到""我能行""坚持就是胜利"。这些积极正面的暗示可以让孩子的信心加倍，这不仅能帮助孩子消除不良情绪，还能激发孩子的各种潜能，帮助他自己更快走出困境，解决问题。

【哈佛教子锦囊】

每个人来到这个世界上都是有用、有他们应该生存的位置的，不要因为生存的位置不显眼就失去信心，对生活不抱希望。精彩的生活是靠自己的努力得来的，父母要从小培养孩子积极乐观的心态，让孩子在面对失败和挫折时学会自我激励，以积极正面的心态来看待问题。

父母要让孩子学会自我暗示，这也是自我激励的一种有效方法。当孩子遇到困难时，可以让孩子暗示自己"我能行""没问题"，从而激发孩子的自信心，让孩子勇敢地面对困难，走出困境。

给孩子足够的信任

达文喜欢上了班里的女孩琳娜，但是他不知道该不该向她表白，所以他整天愁眉不展的，上课也没有精神。

好朋友约翰发现后就问他："达文，有什么烦心事吗？"

达文说："我喜欢上了琳娜，可是，该怎么办呢？"

约翰笑道："直接告诉她就是了，为什么要自寻烦恼呢？"

达文觉得约翰的话有道理，但是，他又不想给琳娜带来烦恼，便说："不行，这样会打扰她的。"约翰见他优柔寡断的样子就没再说话，他决定为朋友做点什么。

第二天，约翰找到琳娜，兴高采烈地说："我的朋友达文一直很喜欢你，可是他没有勇气向你表白，所以我来帮助他，你能说说你对达文的看法吗？"

琳娜对约翰的行为很不满，生气地说："我不喜欢达文，也不喜欢你这么鲁莽。"然后就转身离开了。

约翰意识到自己把事情办砸了，也感到非常抱歉。他找到达文，向朋友坦白了一切，并请求朋友的原谅。

达文没有因此而埋怨约翰，他说："谢谢你朋友，你也是为了帮助我，这件事还是交给我吧。"

这一天，达文鼓起勇气找到琳娜，诚恳地说："对不起，我朋友的话影响到你了，他只是不想让我难过，请你不要介意。我确实很喜欢你，但是你不要因此而觉得烦恼，如果可以的话，我们能成为朋友吗？"

其实琳娜那天回家后很不自在，她向妈妈寻求帮助，本来以为妈妈会极力反对他和男孩交往，但妈妈却笑着说："琳娜原来这么迷人啊！已经有男孩开始追求你了，干吗垂头丧气的呢？他只是想和你交个朋友而已，告诉他你们能成为好朋友就是了。妈妈是很信任你的。"

妈妈的话让琳娜轻松了许多，她突然觉得很愧疚，觉得自己不该对约翰那么不友好。达文今天说的话让她很开心，她接受了达文的友情邀请，也向约翰道了歉，三个人变成了好朋友。

很多父母总是希望孩子表现出父母认可的最好的一面，而孩子不好的一面则会受到质疑，不被信任。父母总是担心自己的孩子会做不好事情，对孩子的能力持怀疑态度，不辞辛苦地要为孩子安排好一切，以为这样就是为他好了。实际上，这样做却是在害孩子。父母不放手，孩子就无法顺利成长起来，长大后也不会自己照顾自己，无法独立完成学业和工作。

有时候，一旦孩子没有达到父母的要求，就会受到批评和指责，父母开始怀疑孩子的能力。而缺少父母信任的孩子也会变得惶恐不安，当感受到父母怀疑的目光时，孩子就会对父母的"教育"产生抗拒心理，和父母"对着干"。同时，孩子的内心也会对自己产生怀疑，是不是自己真的做得不够好，不如人，才会被父母这样不信任呢？久而久之，孩子会变得越来越不自信，做什么事都不敢放开手脚，无法独立去完成事情。所以，父母的信任对培养孩子独立自立的性格起着重要的作用。

想让孩子真正变得独立，有主见，父母先要端正自己的教育态度，不能过度关心或迁就孩子，要信任自己的孩子，相信他们就算没有父母的帮助也一定能完成目标或任务。当孩子在做事情的时候，父母该放手时就要放手，哪怕孩子在做事的过程中出现了错误，也要强忍着不要马上去"帮忙"，等到孩子把事情完成后，再指出孩子刚才的错误，帮他纠正过来。不要让父母没原则的帮忙害得孩子失去独立做事的信心与勇气。

要知道，如果父母任何事都替孩子做主，孩子就会变得只知道按照父母的要求去做事，会变得越来越没有主见。时间一长，孩子的自主性就会下降，对任何事情都会犹犹豫豫不敢做主。所以，当孩子提出自己的合理想法时，父母要给予支持和理解，让孩子放心大胆地去做，不要害怕孩子会失败或做不好事情。要让孩子体会到拥有选择权和被信任的快乐。这样一来，孩子就会变得逐渐自信并且独立起来的。

【哈佛教子锦囊】

想要让孩子拥有自信心，父母先要学会信任自己的孩子。想要让孩子变得独立，父母就要相信自己的孩子，给孩子独立做事的机会和空间，不要对孩子的行为质疑和不信任。当孩子做出某项决定时，父母要在第一时间给予肯定和支持，然后和孩子共同探讨这个决定的可行性，在行动中可能会出现哪些问题，从而帮助孩子弥补决定中的不足和幼稚之处。这样会让孩子觉得自己是被尊重和信任的，孩子的自信心自然会爆棚上涨。

父母不要总是替孩子做主，孩子的事情要交给他自己来做决定，否则就会让孩子失去自主性，再也离不开父母的帮助，无法独立、自信起来。

放手，给孩子一次独立的机会

米利雅的父母十分疼爱她，几乎是她想要什么父母就会给她什么，不管是在家里还是在外面，米利雅的父母都不让她做任何事，这让米利雅的自主能力变得很差，事事都依赖父母才能完成。

直到有一天，米利雅的父亲发现米利雅做事没有主见，学习以及动手能力十分差的时候，才开始重视对米利雅的独立能力的培养。

但是米利雅的父母又不舍得训斥女儿，所以他们再苦恼也想不出好的方法来培养女儿的自主独立能力。这个时候，一位邻居给米利雅的父母出招，让他们不要过于溺爱孩子，要试着放手，给孩子独立的机会，让孩子自己完成事情。

米利雅的父母采纳了邻居的建议，他们尝试着不再对米利雅的事情指手画脚、全程跟踪，而是让她自己决定自己的事情该如何做。一开始，米利雅对此十分苦恼，很多事情都做不好，但渐渐地，她开始享受自己为自己做主的这种感觉，终于在父母的放手之下，米利雅逐渐变得独立起来。

越来越多的父母开始注意自信独立对孩子的重要性。但也有很多父母虽然嘴上希望自己的孩子独立一些，但他们总是会担心孩子在外面会受委屈，甚至被人欺负，所以不敢让孩子离开自己身边片刻，总希望孩子待在自己的身边不要离开。就算孩子渐渐长大了，父母仍旧不放心，觉得他们无法为自己的事情做决定，自己的话才是为孩子好，希望孩子时刻听从自己的安排来做事。

而父母这样的行为，对培养孩子的独立性十分不利。尤其是当孩子长大成人后，他们也可能会因此变得离不开父母的照顾，无法适应社会生活，成为啃老族。

其实，孩子从一出生就有坚强独立的性格，只不过在成长过程中，有些孩子的独立性格被父母扼杀了而已。所以，父母应在反省自己的教育方式的同时，为孩子创造一些独立生活的机会。比如，让孩子独自参加一次夏令营。这样不仅能让孩子体会到集体生活的乐趣，还能让孩子在同龄人的影响下学会独立做事，即使是孩子不会做的事情，他们也会因为环境的影响而尝试着去做的。

除此之外，给孩子一些独自看家的机会，也是培养孩子独立性的不错选择。父母总是担心孩子离开了自己就不会生活和做事了，但是，如果父母不尝试着放手，那么孩子永远都不可能学会独立生活的。所以，父母不妨多信任一下孩子，让他独自看一次家，这也是培养孩子独立性的有效方法之一。当然，让孩子独自在家的时间不宜过长，父母要循序渐进。比如，第一次只让孩子独自在家10分钟，在这段时间里，孩子可以帮父母做一些力所能及的家务活。当孩子逐渐适应独处后，父母再延长时间，逐渐锻炼孩子的自立能力。

【哈佛教子锦囊】

为了让孩子不做啃老族，父母要从小培养孩子的独立性，除了培养孩子的自信心，父母还要给孩子一些独处的机会。比如，把孩子独自放在家里一段时间，给孩子当家做主的权利。

当孩子能适应独自在家并能熟练处理一些突发情况后，父母可以让孩子走到户外，和朋友一起在没有父母跟随的情况下进行一次小旅行，让孩子真正走出父母的视线，变得越来越自信自强和独立。

努力提高孩子的适应能力

有两个人应聘同一家企业的同一个职位，两个人的学历相当，公司决定给这两个人一个月的试用期，一个月之后，再决定聘用谁。

第一个人对这样的结果有些失望，他不停地抱怨他人与环境，认为自己所有的不如意，都是由于他人和环境造成的。他之前有一份体面的工作，在那个公司已经工作了近10年，如果不是公司不景气，他无论如何也不会更换工作的。来到新公司后，这个人畏首畏尾，怎么也无法适应新的环境，他不是工作出错，就是因为过度紧张而搞砸项目。

第二个人却很快就适应了新的公司和工作，公司里经常可以看到他忙碌的身影。每天，他都会热情地和同事们打招呼，精神抖擞地做事。他总是积极地寻求解决问题的办法，即使是在受到挫折的情况下也是如此。因此，他总能让希望之火重新点燃。

一个月后，试用期结束了，适应能力强的第二个人被公司重用，而第一个人只得灰溜溜地离开公司了。

我们的日常生活并不是一成不变的，我们会成长，会长大，会拥有自己的新家庭，也会接触新的环境和同事或朋友。而孩子面对的新环境更多，学校的更换、同学的更换等，这些都需要孩子拥有极强的适应能力，才能尽快地熟悉新环境，开始新的学习和交际。而且，每一个孩子终究都要走向社会，要独立去完成自己人生中的许多大事，如果孩子适应新环境的能力过低，就会被社会所排挤，从而让孩子失去生活的信心，觉得自己与社会格格不入，孩子甚至会因此变得自卑，无法独立生活。

据了解，孩子的适应能力会直接影响到其情商水平。而在竞争激烈的社会中，没有哪位父母希望自己的孩子是高智商低情商甚至低智商低情商的人。所以，提高孩子的适应能力是十分重要的事情。那么，应该如何提高孩子对新环境的适应能力呢?

父母应该多带孩子外出，引导孩子多接触新环境和新朋友。在日常生活中，有不少孩子在陌生的环境中，会感到惧怕和退缩，不愿意与人交谈，无法快速融入其中，甚至会害怕地躲在父母的身后，这让父母十分头疼。对于这样的孩子，父母不能放任，也不要用呵斥打骂的方法来让孩子接触陌生环境。父母在孩子无法快速适应新环境之前，要时刻陪伴在孩子身边，并鼓励他在新环境中积极与人交往。当父母在孩子身边时，孩子有熟悉的人陪伴，会感到比较安全，也能逐渐卸下心防，迈出探索新环境的第一步的。

平时，父母也可多带孩子外出郊游，带孩子到公园或游乐场玩耍，让他在属于孩子们的天地里不断探索新事物。这样做，也能有效提高孩子的适应能力，让孩子大胆地结交新的朋友。一段时间后，当孩子在父母的陪伴下可以顺利与他人交往后，父母就可以让孩子独自去玩，或者鼓励孩子独自外出办一些简单的事情，以此培养孩子的自信心和对新环境的适应能力。当然，做这些事的前提条件是要保证孩子的人身安全。

有些孩子因为十分依赖父母而不愿意独立面对新事物，他们的适应能力才会变得越来越差，这类孩子在父母离开他们的视线后就会产生焦虑情绪，甚至哭闹不停，他们很难在新环境中独自生活。对于这种情况，父母可以寻求家中其他成员的帮助。父母可以让爷爷奶奶帮助自己带孩子一段时间，时间应从短到长，从暂时离开半个小时到半天时间，让孩子逐渐接受父母不在身边的情况，培养孩子的独立意识，进而训练其对新环境的适应能力。

【哈佛教子锦囊】

孩子总有一天会长大成人，离开父母的怀抱独自生活，为了能让孩子拥有独立生活的能力，父母要从小就培养孩子的自立能力。日常生活中，父母要多鼓励孩子独自做事，尤其是孩子自己的事情要尽量让他自己完成，比如洗衣服、打扫房间等。如果是孩子无法独立完成的事情，父母可以从旁协助，但还是要以孩子为主体，不能替孩子做决定或替孩子做事情。对于过于依赖父母的孩子，父母要请求其他家庭成员的协助，一起培养孩子自强自立的性格，培养孩子的自信心，让孩子在其他家人的帮助下逐渐脱离父母的羽翼，不再过分依赖父母，开创属于自己的独立小世界。

第四章

智慧培养，
教出有责任心的孩子

让孩子用心做事，培养责任心

叶笃正出生于1916年，作为中国大气物理学创始人、中国现代气象学主要奠基人之一，叶笃正始终对地球命运十分关注。

叶笃正毕业于西南联合大学，之后去美国留学，并在1948年在美国芝加哥大学获得博士学位。毕业之后，叶笃正选择留校，可是工作两年后，他还是放弃了高薪工作，选择回国。

叶笃正一直将"求实、认真"奉为人生的信条，在他看来，无论是印有世界气象组织的徽章、金牌奖章，还是奖金都不属于他个人，而是属于中国大气物理科学家这个群体的，所有的科研贡献与成果都是他的责任，也是他的义务，他一直用心在尽着自己的责任。

叶笃正说："我想做的事情实在太多，如果在离开这个世界的时候，我能够完成大部分计划，人生将没有遗憾。"

责任，是我们每一个人都有的。事情有大有小，有公有私，但无论是哪种，如果不用心就不会做好。而对于孩子来说，越早培养他的责任心，对他的未来越有利，也越有帮助。但是，现在的父母对孩子过度保护，一面教育孩子做事要有责任心，一面又怕孩子做不好而替孩子做事，久而久之，孩子会因为父母的过度保护而变得责任心欠缺，更别提"用心"二字了。所以，想让孩子有责任心，父母要先学会放手，让孩子放开手脚来做事，然后再来说责任心和用心的问题。

用心说起来容易，但做到却很难。而且用心与责任心看似风马牛不相及，但却密切相连。因为，用心一分，就代表付出了一分责任心；用心十分，就代表付出了十分责任心。由此可见，用心越多，付出的责任心也就越多。父母要根据这一点，提醒孩子时刻要用心去做事，要多留意生活中的细节，用心对待和解决遇到的问题，避免毛毛躁躁做事。

父母要告诉孩子"只要功夫深，铁杵磨成针"的道理，在日常生活中，只有用心对待所有事，才能化难为简，最终解决问题，这样才是对自己和他人负责。

父母也可以讲一些名人伟人用心做事，富有责任心的故事来给孩子听，用故事引导孩子做一个有责任心的人。另外，父母要从小事上纠正孩子不用心做事的毛病，并告诉孩子用心和不用心做事到底有何区别，用道理和故事来引导孩子，培养孩子的责任心。而且，父母还要让孩子明白用心做事是一件快乐的事情，父母要创造条件让孩子在愉悦的环境中用心做事，让孩子明白，用心做事不仅可以收获成功，还能得到他人的肯定。

不过，用心做事虽然很重要，但父母也不能在教育孩子的过程中急于求成，对孩子的教育应该循循善诱，并以身作则，避免打骂呵斥孩子，否则孩子对用心做事会更加反感，这不利于孩子责任心的培养。

【哈佛教子锦囊】

我们从一出生就拥有了一定的社会权利，还包括责任和义务。父母要从小培养孩子的责任心，要让孩子知道，有责任心的人才能成就大事，才能活出自我。

如果孩子始终做事不用心，父母要及时纠正孩子的不良习惯，虽然不能严厉地指责打骂孩子，但适当的惩罚还是很有必要的。父母要让孩子知道，如果做事不用心，就要承担相应的责任，受到相应的惩罚。

告诉孩子，做小事更要有责任心

王冲是个性情急躁的人，一次他生病了，感觉自己头疼得厉害，他便到离家不远的一家中医诊所去买药。

到了诊所，一位年轻的医生接待了王冲。

王冲要求医生给他开点止痛药，医生却说："不行，我要先给你把把脉。"

于是，医生拉过王冲的手腕，一边观察王冲的面色一边给他把脉。把完脉后，医生问王冲："你最近都去过哪里，有没有在大风或大雨天气中活动，头部是否受过撞击？"

王冲听着很不耐烦，他说："头疼就是头疼，你问那么多干吗，我还有很重要的事情要办，你别耽误时间，随便开些止痛药来就行了。"

这时，医生劝王冲一定要说出自己最近的生活状况以及头疼的程度、何时出现疼痛感等。

王冲更不耐烦了，他站起来怒斥医生："你怎么当医生的，病人让你开药你就开，管那么多闲事干吗，你不知道顾客就是上帝吗？"

医生坚持"望闻问切，对症下药"的治病原则，又不愿与患者起冲突，所以医生以诊所止痛药缺货为由，婉言拒绝为王冲开药，让他去医院看病。

后来，王冲自己去超市买了点止痛药，结果吃后病不但没好，反而更严重了，他这才知道医生问他那么多问题是为了他好。

于是，王冲又去之前的诊所治病，并老老实实地向医生说明了自己的情况。医生给王冲打了一针，他的病很快就好了，他感慨道："果然不能违背治病的原则。"

医生也点点头，说道："再小的事情，我们也要有原则，这才是一个有责任心的人应该做的事情。"

事实也正是如此，每个人要想成就大事，就必须从小事做起。而父母在教育孩子的时候，也同样要让孩子把做好每一件小事当作一种本能，就像呼吸是人生存的本能一样。父母在培养孩子的责任心时，要让孩子养成注重细节、约束自我、尽职尽责的好习惯，避免孩子说出"差不多、大概、可能、基本上"之类的词，因为哪怕是小事也能尽职尽责完成的人才是社会真正需要的人才。

父母要让孩子从小做个有志向、有抱负的人，要让孩子知道"以天下为己任"固然是好，但眼高手低、好高骛远，看不起日常小事的人也是很难有大作为的。因此，父母在教导孩子要有远大理想的同时，还要教育他们要从小事做起，承担起做好小事的责任，这样孩子才能在以后做成大事，成为真正的可用之才。

其实，做好小事的道理和"扫一屋"是一样的。东汉时的少年陈蕃在父亲批评他没有把屋子打扫干净时答道："大丈夫出世，当扫除天下，安事一室乎？"后来人们又质问道："一屋不扫，何以扫天下？"陈蕃之言虽表达了其"天下兴亡匹夫有责"的志向，却也说明他并不重视生活中的细节。人们的质问正是指出了"扫一屋"即做好小事对成就大事的重要作用。

因此，父母要告诉孩子在其人生的成长过程中，会有许多荆棘和坎坷，他们每一个简单的行为都可能影响甚至决定他们的一生。要让孩子做个有责任心的人，就要让孩子在日常生活中做好每一件小事，规范自己的每一个行为，为成就大事做足准备。当父母发现自己的孩子不重视细节，忽略小事时，应及时纠正孩子的行为，但在纠正的过程中不要过分批评和斥责。首先，父母也要端正自己的态度，让孩子看到父母的诚意和良苦用心，过分的批评只能让孩子对父母产生畏惧心理，对培养孩子的责任心不利。

另外，父母可以用孩子最关心、最重视的事情来举例，以此说明做好小事对他所关心与重视的事情的重要意义，让孩子自己明白只有做好小事、做足准备才有可能实现自己的理想的道理。这样一来，孩子自然而然就会注意起日常生活中的每一件小事，这样才能培养起孩子的责任心。

【哈佛教子锦囊】

日常生活中，越小的事情父母越要让孩子用心去做，孩子只有对小事有责任感，用心完成，才能在做大事的时候更加用心，加倍努力。要让孩子学会在生活中多观察细节，尽量少说或不说"大概""差不多""可能"等模棱两可的话，这对培养孩子的责任心有好处。

当孩子对小事也十分努力地完成时，父母要及时肯定孩子的行为，根据情况，给予孩子一定的鼓励或奖赏。相对地，如果孩子不注重细节，觉得小事情用不用心都一样，那么父母也要通过教育来改变孩子的想法，必要的时候，还可以借助一些惩罚手段，比如，面壁思过等。

提醒孩子要严格要求自己

艾利有一个口头禅：马马虎虎，差不多得了。

艾利的父母最初只是觉得艾利总这样说，挺有趣的，后来他们发现艾利做事确实是按照这个标准来进行的，就有些苦恼了。

虽然艾利的父母并不想让艾利成为多么成功的人士，但也不希望他是以这样半吊子的心态来度过人生的。

于是，艾利的父亲和艾利进行了一次长谈。

"你应该要有目的性地做事情，严格要求自己，这样才能做事有所成就。"艾利的父亲直言说道。

"严格要求自己？"艾利不知道怎么才算是严格要求自己。

"是的。比如，做事不能总是马马虎虎，更不能觉得'差不多'就行了。"父亲说。

艾利听后，点了点头道："我可以试着这样做，但是如果我做不到怎么办？"

"没关系，我和你的母亲会提醒你的，时间一长，你就会习惯认真做事，严格要求自己了。"

艾利听从了父亲的话，从那以后，每当他做事马虎的时候，父母就会适时地提醒他要严格要求自己，认真做事。有了父母的提醒，艾利做事果然认真了很多。

不管是谁，只要做了错事就要承担后果，我们可能无法要求他人完全做到这一点，但我们可以要求自己做到问心无愧。父母在培养孩子责任心的时候，应该教导孩子严以律己就是对自己负责，而只有对自己负责，才有可能对他人负责。苏联教育家苏霍姆林斯基曾说：要使我们的孩子成为坚定的人，就要让他严格要求自己。父母要知道，在孩子的成长过程中，严以律己是孩子走向成功的第一步。而不能严格要求自己的孩子，往往是因为其有较强的惰性。惰性也是人之本性，每个人或多或少都有这样的品性，但成人具有一定的自控能力，能把惰性控制住，孩子却无法做到这一点，一旦缺乏父母、老师的约束，其惰性就会很快暴露出来，他也就无法做到严以律己了。因此，父母要让孩子在父母潜移默化的教导中养成严于律己的好习惯，在孩子心理发育还不够成熟时就引导他们，在生活和学习中严格要求自己。

孩子生活中模仿和学习最多的就是父母，所以，孩子小时候的行为习惯也主要是通过学习身边父母的行为习惯而形成的，父母在饮食、运动、卫生、学习等方面的习惯，常常会潜移默化地影响孩子。因此，为了让孩子能做到严以律己，养成良好的学习、生活习惯，父母就要以身作则，要用好的习惯影响孩子。

另外，让孩子严以律己，这不仅仅是要孩子从行为上控制自己，还要让其做到谨言慎行，避免出言不逊而为自己招来不必要的麻烦。

【哈佛教子锦囊】

培养孩子的责任心不是一朝一夕就能做到的事情，有时候还需要孩子先做一些"热身运动"。比如，让孩子先学会对自己负责，严格要求自己的一言一行，等孩子能做到严以律己时，他们身上的责任感也会更强，责任心自然就能培养起来了。

父母在孩子面前也要做到严以律己，要给孩子树立一个良好的学习榜样，用好的生活习惯来影响孩子，让孩子成长为一个责任感强的好孩子。日常生活中，父母要让孩子知道：只有严以律己，才能更好地掌控和了解自己，才能知道自己想要的是什么，才能成为一个更有责任心的人，才能走上成功的大道。

让孩子做到知错就改

1970年12月6日，联邦德国总理勃兰特出访波兰。按照日程安排，勃兰特将于第二天在波兰犹太人死难者纪念碑处向死难者献花圈。

"二战"时期，波兰伤亡惨重，当地很多人对德国人有敌视情绪。

而当勃兰特来到波兰犹太人死难者纪念碑前，在为死难者献花圈时他突然双膝跪地，向所有在第二次世界大战中被德国人杀害的犹太人谢罪，为本国、本民族不光彩的历史谢罪。

这出乎意料的举动本不在计划安排之列，勃兰特也未同任何人商量，所有人看着他这个举动，都惊呆了。许多波兰人被勃兰特的举动感动得热泪盈眶。勃兰特的这一举动，使整个世界都对德国有了新的认识，勃兰特也为自己的国家赢得了波兰和其他国家的好感。

但是还是有少数的德国民众不理解他的行为，他们用最恶毒的言语攻击他，说他丢尽了德国人的脸。

但是，勃兰特却说："我不需要理解，愿意理解我的人就会理解我。"

事实证明，大多数人还是理解他的，1971年，诺贝尔奖委员会一致提名通过，授予维利·勃兰特诺贝尔和平奖。

勃兰特之所以会有这样出人意料的举动，那是因为他不仅有足够的勇气，还十分有担当。他为自己的民族所犯下的罪行而忏悔，知错就改，他勇敢地承担起了这份责任。

在生活中，当孩子犯了错误时，很多父母都习惯采取非打即骂的方式教育孩子，这些父母认为打骂能让孩子牢记他们犯的错误，从而认真改过。殊不知，打骂孩子非但不能解决问题，还会给孩子的身心造成很大的伤害。

有研究发现，长期处于家庭暴力环境下成长的孩子，其智力发育水平会受到影响。除此之外，打骂孩子不仅会破坏父母和孩子的感情，还容易造成孩子产生暴力、自卑、胆小等不良性格。所以，当孩子犯了错误时，父母应该采取正确的方式教育孩子，而不是动辄就对孩子打骂，否则会让孩子不敢承认自己的错误，成为一个没有责任心的人。因为这样一来，孩子犯错后首先想到的是父母会责罚他，为避免受罚，孩子就会想尽办法推卸责任，找各种理由为自己开脱或矢口否认自己做过的事。久而久之，孩子就养成了刻意推卸责任、敢做不敢当的坏习惯。

其实，要培养孩子敢作敢当的好品质并不是件难事，父母可以适量采取一些惩罚性措施以制止他的不良行为和习惯。一般来说，孩子都能容忍来自父母的批评，他们也愿意借别人的提醒来改善自己的行为，最后赢得他人的肯定与尊重。除了批评教育之外，惩罚性措施还包括警告、罚劳动等方式，每一种惩罚手段的程度有所不同，对孩子的惩罚效果也不同。父母应视具体情况来判断应采用哪一种惩罚措施，比如孩子出手伤人或做了其他危险性较大的事，父母就可以采用体罚的方法；若孩子仅仅是偷吃一块糖、弄脏了房间等，用批评或警告的方法就可以了。

除了惩罚，父母还可以选择和孩子促膝谈心，用交流的方法来引导孩子做一个敢作敢当、有责任感的孩子。积极向上的交流可以让孩子对犯错不再产生恐惧感，从而不会过分害怕承担责任，并愿意去承认自己的错误。所以，面对犯错的孩子，父母首先应该冷静一些，心平气和地与孩子谈一谈，给他播下敢作敢当的"种子"。慢慢地，这种思想就会在他的心中"生根发芽"，让他明白逃避错误是不可取的，一味地逃避只会让他自己变得更加懦弱。与此同时，父母还应告诉孩子，仅仅承认错误是不够的，犯错后更重要的是想办法去改正错误、补救过失。比如，孩子在学校损坏了别人的东西，父母一定要让孩子买了还给对方，要让他懂得，自己造成的不良后就必须自己负责。

在生活中，父母可以多给孩子讲一些关于承认错误、知错就改的小故事，让孩子意识到知错就改的重要性，从而培养孩子勇于承认错误的好品质。

另外，孩子犯错误是不可避免的，当孩子犯错时，父母可以让孩子学会换位思考，这样更容易让他们体会到自己行为的坏处。当孩子意识到自己的错误时，父母应该和孩子讨论解决问题的方法。比起打骂，这样的教育方式不仅让孩子受到了尊重，还能让他们更好地认识错误，从而改正自己的错误。

【哈佛教子锦囊】

一个有责任感的人要敢于为自己犯过的错承担后果。所以，在培养孩子的责任感时，父母更要让孩子做一个敢作敢当、知错就改的人。

当孩子犯错后，父母不要急于呵斥打骂，要先了解孩子犯错的前因后果，再和孩子摆事实、讲道理，让孩子学会承担责任，及时改正自己的错误。

父母要多和孩子沟通交流，要让孩子了解有责任心的重要性。平时，父母可以给孩子讲一些名人知错就改的故事，让孩子向这些榜样学习，培养孩子知错就改的良好品质。

教孩子信守承诺

哈雷是一家汽车制造公司的轮胎推销员，他为了把公司新出的轮胎推销给X公司，已经在X公司的门外等了好几天了。

"森姆先生，我是推销轮胎的，我们公司的轮胎才是你们公司最佳的选择，没有任何一家公司的轮胎能比我们制作得更好。"今天，哈雷终于等到了X公司的负责人森姆先生。

森姆先生很欣赏这个年轻的小伙子，于是决定给他一次机会。

森姆先生说："是吗，可惜我现在没有时间听你介绍，如果你能在今天晚上九点钟带着你的销售计划书再来这里，我会认真考虑是否要购买你们公司的轮胎的。"

"谢谢，我一定准时赶到。"虽然那个时候已经是哈雷的下班时间了，但他还是答应了森姆先生。

整整一天，哈雷都在修改自己的计划书，晚上八点，他提前一个小时就来到了X公司，精神抖擞地等待着森姆先生。

"你真是个重承诺的人。"森姆先生微笑着请他进入X公司的会议室，对他的计划书也十分满意，一番商议后，X公司决定使用哈雷所在公司生产的新轮胎。

俗话说"君子一言，驷马难追"，这句话说的是做人做事都要重承诺，讲信用，凡事说到就要做到。"讲信用、重承诺"一直是中华民族的传统美德，也是一个人在社会生活中必不可少的基本守则，只有说到能做到的人，才会被人信服，成为一个有责任心的人，获得最终的成功。

其实，孩子的说话不算数并非刻意为之，可能他们做出承诺时只是一时兴起，随口一说，一会儿就忘记了，因而糊里糊涂地就失信于人了。此外，孩子年龄小，对信守诺言尚未形成明确概念，并不知道说出去的话就一定要兑现，也不知道食言会带来什么后果。

现实生活中，父母经常会听孩子说"我明天一定按时睡觉""以后一定不贪玩儿"之类的话，可结果往往不像孩子承诺的这样。转眼间，他们就会忘了自己说过什么，答应过什么，即使记得也不会严格要求自己按照自己的承诺去行事，也常常因此给自己、给周围人带来不好的印象，造成一定的不良影响。

父母要让孩子知道不懂得信守诺言，说话不算数或说一套做一套，这对他们的一生都会有不良影响。要知道，一个人失信于人，不仅损坏自己的名声，更会让他失去很多成功的机会，甚至难以立足于社会。因此，父母要从小培养孩子信守诺言、说到做到的好品质。

现实社会中，人与人的关系需要信用来维系，信用也是人们相互信赖的基础，而信用则是靠重承诺来体现的。在教育孩子重守承诺的同时，父母也要以身作则，对孩子、对他人做出许诺时要慎重，凡事要确保自己能兑现时才能答应。否则，父母都无法"说到就要做到"，孩子更不会重视承诺了。要知道，孩子是单纯的，他们愿意相信任何人，尤其是与自己最亲近的父母。一旦父母没有履行自己的诺言，孩子心里会受到伤害，这也会使父母逐渐失去在孩子心中的威信。而父母在教育孩子的时候，也不要强迫孩子许下他们不可能兑现的诺言，要让孩子在能力范围内做到信守承诺。父母还可以适当用奖惩的办法激励孩子，督促孩子认真完成自己承诺的事。

【哈佛教子锦囊】

一个信守诺言的人才能成为一个有责任心的人。要想让孩子懂得遵守诺言，父母在日常生活中就要做到这一点，尤其是答应孩子的事情一定要做到，不能做到的事情要告诉孩子原因，让他知道父母做事是有一定的原则的，不可能百分百满足他的要求，但是只要能做到的，父母肯定会答应他。让孩子在父母的影响下，做一个说到做到的人。

　　父母在日常生活中可以多给孩子讲一些古人、名人重信守诺的经典故事，这既能让孩子在听故事的过程中学到知识，还能让孩子明白承诺的重要性，让孩子成为一个重诺言、有责任感的人。

引导孩子做个公平公正的人

　　我们都知道犹太人善于经商，那么犹太人是怎么看待生意和利润的呢？其实在犹太人看来，商业的本质就是不公正的，而最大的不公正就是因为有利润的产生，如果想要真正的公正那就不会有利润。而犹太人则是一边做生意，一边让做生意变得公正，因为只有这样，顾客看到其中的公正后，他们才愿意买你的东西，你才会拿到利润。

　　美国孚石油公司的创办人洛克菲勒想在巴容县铺一条油管，但是他的竞争对手已经让县议会通过了一个这样的法案：除了已经铺好的油管，巴容县不允许其他的油管经过。很显然，这个议案是很不公平的，洛克菲勒突然想到一个主意，这不仅可以向这条不公正的议案挑战一下，同时还可以击败他的对手。

　　所以洛克菲勒调集了大量的人手，一夜之间把油管铺好。第二天一大早，洛克菲勒就来到了巴容县议会，让在场的人去看看美孚石油公司已经铺好了的油管。听到这个消息后，所有的人都以为洛克菲勒在开玩笑，直到亲眼看到已经铺好的油管，他们都愣住了，因为洛克菲勒找到了议案的漏洞。这样一来，这条议案反而成了保护美孚石油公司的条文，因为"除了已经铺好的油管，巴容县不允许其他油管经过"。

　　培养孩子的公正意识，首先孩子身边应该有良好的榜样示范，父母平时要善于约束自己的言行举止，严格要求自己，从而帮助孩子从小能在家庭环境的熏染中，潜移默化地学会公正待人，成为一个正直、诚恳的人。

　　但是，父母在培养孩子公平公正的优良品德时，首先要学会认同孩子的想法，这样孩子才能够明白父母很关心和在意他，从而使他以后更能认真倾听父母所说的话了。

孩子在遇到困难的时候，尤其会感到不公平，认为为什么自己会遇到这样的困难，为什么父母或他人不赶紧帮助自己？因此，为了让孩子在困难面前摆正心态，父母要教育孩子正确面对困难。

比如，在孩子面对困难时，虽然父母也不能马上替孩子解答，但要让孩子感受到父母的公正与信任，要让他知道父母相信他自己能够应付这个局面，相信他有能力解决这个问题。

如果孩子一遇到不公平之事，父母便一切帮孩子代办，那么孩子就会觉得自己像一个局外人，不需要采取任何行动，只要看着父母把事情处理好就行了。其结果是孩子不仅失去了自信，也失去了争取公正待遇的意识和能力。因此，父母最好坚决表示相信孩子自己有能力解决问题，这样，就能把孩子培养成一个知道该如何为自己争取公正的人。

【哈佛教子锦囊】

孩子的心性是很单纯的，他解决问题了、高兴了，就会觉得生活是公平公正的，反之则会认为生活是不公的。父母要在教育孩子的同时，让孩子摆正心态，这样才能很好地让孩子了解什么是公平，如何公正地做人。

第五章

用对方法，
培养出乐观向上的孩子

告诉孩子，面对挫折要向前看

有个人去参加应聘考试，前来应聘的人很多，竞争很激烈。

应聘考试一共分为两轮，第一轮是笔试，第二轮是面试。笔试的时候，这个人发挥得不是很好，这家公司出的题目出乎意料的难，所有人都是开开心心进去，愁眉苦脸地出来。

这个人觉得自己肯定没戏了，回到住处就无精打采地躺到了床上，一遍遍回想着自己在此之前的人生经历，觉得自己的人生总是有很多挫折，总是有很多迈不过去的坎，这一次以为好不容易抓到的人生机遇，难道也要因为几道考题就只能就此放弃了吗？

这个人越想越不甘心，越想越觉得不能就这样放弃这个大好的机会。之前，他面对很多挫折都无奈地退缩了，这一次，他如果再往后退，他的人生就全毁了。

想到此，这个人猛地从床上坐起来："不行，我要向前看，很多人都被今天的考题难住了，也许我还有机会。"

于是，他重抖精神，第二天以最佳的状态迎接面试。

但当考官看到他精神奕奕的模样时，反而十分高兴，只问了几个简单的个人问题，就对他说："恭喜你，你被录取了。"

"啊？真的吗？"

"是的。"考官点头说道："其实，我们昨天的考题是故意出难的，我们只是想考察面对挫折时，你们这些应聘者是选择退缩还是向前，我们很高兴看到你选择了后者。"

这个人听后，又惊又喜，他庆幸自己没有放弃这次机会，迈过了这道坎儿。

在日常生活中，父母要想让孩子健康地成长，应该让孩子用乐观的心态来面对问题，让他们的目光始终盯着前方，不管遇到什么艰难险阻，哪怕一时半会儿解决不了，也不应颓废不前，让自己陷入困境。孩子应坚定地相信，只要自己能向前看，就一定可以解决问题，走出属于自己的精彩人生路。

父母教孩子向前看，并不是单纯地让孩子看向前方，好高骛远，而其中包含了父母对孩子的爱和希望，包含了父母希望孩子不被挫折打败，不走回头路的美好心愿。

父母的教育方式和思维模式对孩子的影响力是不可低估的，如果父母的思想观念比较消极，在孩子遇到挫折的时候不能及时给予积极向上的引导和建议，孩子的心态也会因此变得消极，在面对困难的时候，孩子就没有了向前冲的动力和勇气了。

比如，当孩子遇到挫折而哭泣时，父母不应责备，而应该让他哭出来。对成人来说，偶尔的哭泣还是一种释放压力的方式，对孩子来说，哭泣更是有着丰富的含义，它既是宣泄不良情绪的一种常用方式，还是向父母求助的一种信号，更是孩子自我疗伤的一种手段。哭过之后，孩子的不良情绪已经排解大半，就更容易开朗地想事情。所以，父母在教育孩子的时候，可以尝试多种积极的教育方式，找到最合适孩子的方法，培养孩子面对挫折要向前看的积极人生态度。

【哈佛教子锦囊】

父母在教育孩子遇到挫折要向前看之前，也要端正自己的行为，做一个积极乐观的人，自己不能被挫折打败，从而让孩子受到不良影响。

在培养孩子遇到挫折向前看的积极心态时，父母可以让孩子用积极的自我暗示法来调节自己的情绪，让孩子不被挫折打败，勇敢面对所有困境。

让孩子用心感受美好的世界

从前有座庙，庙里有很多和尚，有一个小和尚叫万空，他不像别的和尚一样无忧无虑，反而整天愁眉苦脸的，因为他有很多很多烦恼。有时候他觉得自己的生活条件太差，有时候他又觉得别的师兄弟在孤立自己，各种各样的烦心事使得他一点儿都不快乐，他也越来越没有心思待在庙里。

有一天，他向住持请了假，说要出去化缘，其实他是想从此离开这座庙，寻找更好的安身之地。住持似乎看透了他的心思，当即写了封简短的信，装进信封后递给万空，对他说："万空，等你遇到困难的时候再打开这封信。"

就这样，万空离开了原来的寺庙。他找啊找，来到了很多寺庙，也都进这些寺庙体验了一段时间，但每一个寺庙他都不满意，不是觉得庙里的和尚太凶，让他没完没了地干活；就是觉得那个庙里的生活太枯燥。

不知不觉，一年过去了，万空依然没有找到自己喜欢的容身之地。这时候，他想到了自己离开时住持给的那封信，打开后，他发现上面只有两句话：你心里在想什么，你就会变成什么样子，能征服精神的人，强过能攻城略地的人。

小和尚思索了整整一晚，第二天一早，他就回原来的寺庙去了。

无论在什么时候，一个人的心态都是很重要的。当你用消极悲观的心态来看待周围的人事物时，你所看到的只能是灰色沉闷的天空、死气沉沉的事物，没有一样东西是美好的、能令你开心。所以，父母要教孩子摆正自己的心态，用心去感受世界。这时候，孩子就会发现，原来世界是如此的美好，到处是绚丽的色彩，到处都有欢声笑语。

在日常生活中，很多孩子总是看不到事情的美好一面，他们总觉得自己看到的事情都不够美好，也因此而愁眉不展。其实，"生活中不是缺少美，而是缺少发现美的眼睛"。其实，让那些不善于发现生活中美好事物的孩子马上就发现那些生活中的美好之处，这是不太可能的，有时还需要孩子进行一些学习和锻炼才行。因此，父母要多培养孩子的审美意识，孩子有了审美意识才更容易发现生活中的美。

父母要多鼓励孩子出去走走，学会观察，并用心感受生活中的美，多注意世间万物的各种变化，这会让孩子变得更容易发现生活中的美丽事物。

父母要告诉孩子，发现美，不但能够愉悦心情，还可以培养其乐观向上的心态，让他能够更加热爱生活、热爱生命。父母要让孩子知道，美存在于生活中的每一个角落，但是很多人却看不见它，因为大家不去观察和体会。比如，春天柳树发芽的时候，夏天荷花绽放的时候，秋天枫叶染红的时候，冬天白雪飘落的时候。因此，父母要加强对孩子审美能力的培养，让孩子多看一些艺术类的书或影视作品，让孩子从这些作品中体会到生活的美，慢慢培养孩子发现美的能力，让孩子能够用心感受世界的美好。

【哈佛教子锦囊】

父母要引导孩子学会发现生活中的美好之处，鼓励孩子多与外界接触，不要把自己困在一片小天地中。要让孩子知道，世界到处都有美，只要有一双善于观察的眼睛，用心去感受这个世界，用积极乐观的心态去看待这个世界，就能享受到美好的生活。

活泼开朗的孩子更出彩

有一个小女孩，从小就十分活泼，性格也很开朗，不管遇到什么事情，她总是笑着面对。

有一次，小女孩把妈妈给她的早餐费弄丢了，她在上学的路上找了又找也没找到，便不再找了。当同学知道了这件事后，把自己带来的饭菜和小女孩分着吃了。

同学看她乐呵呵的样子，就说："看你这个样子，一点都不像是丢了钱的人。"

小女孩笑嘻嘻地回答道："或许有更需要钱的人把钱捡走了，这样他们就能吃饱肚子，而且，我还吃到了你美味可口的饭菜，这是多么值得高兴的一件事，我为什么要伤心难过呢？"

"你可真开朗，如果是我丢了钱，我一定会大哭一场的。"同学羡慕地说道。

"哭也不能解决问题啊，生活已经这么艰难了，我们怎么能不活得开心一点呢？"小女孩说。

俗话说：人生不如意之事十有八九。如果遇到不如意的事情时，我们都死气沉沉的，不去积极地思考对策，那么事情肯定会越来越糟，永远也解决不了。而积极想问题的人，肯定是性格比较开朗，积极向上面对困难的人。而且，不管是孩子还是大人，都喜欢和活泼开朗的人做朋友。如果孩子不爱说话，他周围的伙伴也会受他影响，时间一长，小伙伴们就不想再多与他接触了。

那么，父母该怎么做才能让孩子变得活泼开朗，乐观向上呢？

首先，父母也要在日常生活中活泼开朗一些。父母是孩子的第一任老师，老师教得好，学生才能有所成就。气氛沉闷的家庭环境会带给孩子一些不良的影响，在一个没有欢声笑语的家庭里，就算是成人也会心情郁闷，何况是孩子呢？所以，为孩子营造一个和谐欢快的家庭环境是让孩子积极向上的首要条件。父母要以身作则，在日常生活中多笑，看待事物也要积极乐观一点，这样才能给孩子创造一个好的氛围和环境，让孩子受到良好的教育和影响。

其次，父母还应多培养孩子的兴趣爱好。广泛的兴趣爱好能使孩子在受到打击或挫折时的消极情绪得到有效缓解。当孩子遇到不顺心的事情时，父母可以和孩子一起做他喜欢的事情来转移孩子的注意力，当孩子的注意力都被感兴趣的事情吸引时，郁闷的心情也会得到改善，不良情绪就会得到排解，孩子会重新变得积极向上的。

最后，日常生活中，父母要多鼓励孩子和开朗活泼的同龄人做朋友。尤其是当孩子情绪低落的时候，做父母的要让他多和性格开朗的伙伴相处，让对方的乐观心态逐渐感染孩子，让孩子也变得开朗起来。如果孩子能有几个相处融洽的知心好友，他们能在孩子心情郁闷而父母又无暇顾及的时候陪在孩子身边，他们就会对孩子有很大的帮助。不过，父母也不能过多地干预孩子交友的事情。如果孩子实在不喜欢太活泼的小伙伴，父母也不要勉强，要让孩子和脾气相合的人交朋友，这样才能让孩子真正开心起来。到时候，孩子的心情自然就会变好，性格也会变开朗，心态也会乐观起来的。

【哈佛教子锦囊】

　　培养孩子乐观向上的心态，要让孩子的性格变得活泼开朗起来，父母要为孩子创造一个轻松愉快的生活环境，多培养孩子的兴趣爱好，让孩子在生活中有所追求，这样才能使孩子的心胸变得宽广，进而使孩子变得活泼开朗。

陶冶孩子的情操，培养其乐观心态

　　有一个中年人又一次破产了，这已经是他第三次破产了。他一个人漫步在乡间的河边，他从早早去世的父母想到了自己一次次破产，内心充满了阴云。

　　悲痛不已的他在号啕大哭一番后，正望着滔滔的河水发呆。他想：如果他就这样跳下去的话，很快就会得到解脱，世间的一切烦愁都与他无关了。

　　突然，对岸走来一位憨头憨脑的青年，他背着一个鱼篓，哼着歌从桥上走了过来。中年人被青年的情绪感染，便问他："小伙子，你今天捕了很多鱼吗？"

　　青年回答："没有啊，我今天一条鱼都没捕到。"

　　青年边说边将鱼篓放了下来，里面果然空空如也。

　　中年人不解地问："你既然一无所获，那为什么还这么高兴呢？"

　　青年乐呵呵地说："我捕鱼不全是为了赚钱，而是为了享受捕鱼的过程，你难道没有觉得被晚霞渲染过的河水比平时更加美丽吗？"

　　青年的一句话让中年人豁然开朗。原来，有时候我们需要的不是睿智，我们需要的只是一份面对苦难时的豁达心胸和面对人生的乐观态度，只有受到这份乐观态度的影响，我们才能少走弯路，勇敢地向前冲。

于是，中年人愉快地和青年道别，开始了第四次创业。

一个人的心态如何，还是要看他生活在什么样的环境下。如果孩子生活的环境比较差，一点好的氛围都没有，那么孩子的心态肯定乐观不起来。

父母要让孩子知道若要享受生活就应做一个有情趣的人，父母要从小培养孩子的情趣，让孩子多经受一些艺术熏陶，还要让孩子懂得如何陶冶自己的情操。比如，学习艺术、养盆花、种棵草，多和小动物接触等。这些行为不仅可以让孩子发现生活中的小情趣，还能培养孩子的爱心，让孩子爱上生活、享受生活。

父母应该把艺术培养当成孩子人生中的重要课程来对待，无论是学习舞蹈、音乐还是绘画，都能够提高孩子的修养，使孩子散发出或优雅，或恬静，或自信的气质，从而让孩子形成乐观积极向上的人生态度。

而且，艺术在很大程度上丰富了孩子的生活。现在，很多孩子宁愿把时间浪费在网络游戏、电视剧中，也不愿意用来学习艺术，这对孩子来说是一项巨大的损失。要知道，学习艺术不仅能提升孩子的气质，还有助于大脑的开发，激发想象力，对孩子的学习和生活都有很大的帮助。

除了艺术的学习，父母还可以让孩子养些花草鱼虫，以此陶冶孩子的情操，培养孩子积极向上的生活态度。父母可以让孩子亲自种一盆花，并认真地照顾它，看着它一点一点、慢慢地成长，孩子的心境会因此发生很大的变化。在种花、养花的过程中，孩子会了解到：其实每一朵花、每一株草、每一棵树的成长都是很坎坷的，它们要经受无数风雨的打击，就像人要承受病痛和灾难的折磨一样。当孩子感受到花草和人一样都具有生命的时候，孩子就不会忍心再去伤害它们，孩子也会像花草般在"风雨"中顽强生长，心态也会变得更加乐观。

有修养、懂情趣的人更容易形成积极乐观的生活态度，所以父母在日常生活中要注重培养孩子的生活情趣。要知道，父母在培养孩子生活情趣的同时，不仅能够使孩子受到艺术的熏陶，同时还能够培养孩子乐观向上的心态与积极进取的人生态度。

孤僻的孩子也能做阳光天使

有一个小女孩性格孤僻，不喜欢与人为伴，不管是在学校还是在家里，她都沉默寡言。

女孩的妈妈对此十分烦恼，她想让女儿开朗起来，想让女儿成为快乐的阳光天使。可惜随着女孩的成长，妈妈的这种想法一刻也没能实现过。小女孩反而一天比一天孤僻，不爱与人相处。

女孩的妈妈去请教朋友，朋友说："我建议你，先和你的女儿建立起良好的沟通。"

女孩的妈妈想起每次和女儿说话，她都爱答不理，觉得这个方法不太可靠。

朋友说："我说的沟通是指有效的、良性的沟通，你可以和她聊一聊她感兴趣的话题，你们有了共同话题，说的话也会渐渐多起来的。"

女孩的妈妈只好按照朋友的建议试一试，她先观察了女儿几天，找到了她的一些兴趣和爱好。

有一天，妈妈尝试着和女儿谈了谈她感兴趣的事情，没想到，女儿竟然认真地回应了她几句。虽然只是短短的几句话，但妈妈开心不已。从那以后，妈妈更加用心地和女儿聊天，从她感兴趣的事，聊到周围的事情，再聊到父母、朋友等话题，女孩从一开始的孤僻冷漠，变得越来越愿意和妈妈聊天，甚至在学校，她也变得愿意主动和同学们开一两句玩笑了。

妈妈十分欣慰，孤僻的女儿终于也向阳光天使迈进了一步，这真是太好了。

俗话说：世界上没有两片完全相同纹路的叶子。孩子也如此，他们性格有好有坏，有乖巧有淘气，有积极有消极，有孤僻也有开朗。开朗的孩子一般都拥有积极乐观的心态，但孤僻的孩子的心态，却容易出现问题。

这类孩子也令父母十分头疼，父母不知道怎么才能让他们变得开朗，成为阳光天使。其实，这类孩子害怕被人拒绝和伤害，因此不愿与他人交往，有时还会做出一些怪僻、奇特的行为，常会给人一种冷漠的感觉。

孤僻的孩子常独往独来，对他人怀有厌烦、戒备的心理，不管对人还是对事，他们都是一副漠不关心的样子。而孤僻的孩子之所以会这样，和后天生活环境的影响有很大关系。他们因为受到各种主客观因素的负面影响，导致心理长时间处于压抑状态后扭曲所致。

那么，父母应该如何让孤僻的孩子走进阳光里呢？

父母要和孩子进行良性的沟通，了解孩子真正的需求，当孩子愿意同父母交流后，再让孩子正确认识孤僻的危害，帮助孩子敞开闭锁的心扉，摆脱孤僻。而且父母还要让孩子正确地认识自己，不要总是把自己紧紧地包裹起来，保护着自己脆弱的自尊心。父母可以让孩子多看一些有关社交的书，学习和人交往的技巧，同时多参加正当、良好的社交活动，让孩子逐渐打开封闭的心门，愿意同他人交往。

等到时机成熟，父母还要让孩子学会展示自我。任何成功的人都是走在风口浪尖的人，如果把自己的才华藏着掖着，又怎么能在生活的舞台上散发光芒？所以，父母要让孩子勇于展示自我，树立一种积极向上的人生心态。在这种状态下孩子能更好地吸收别人的优点，增加自己的知识。在不断展示自我的过程中，孩子的能力会得到提高，为将来的生活打下坚实的基础。

【哈佛教子锦囊】

父母要多和孩子沟通，让孩子在父母面前多说话，鼓励孩子说出心中的想法。当孩子习惯在父母面前打开话匣后，孩子再面对其他人时，也能敞开心扉，变得开朗起来的。

第六章

找对窍门，
让孩子养成受益一生的好习惯

让孩子做个文明的小天使

卡尔是一个小男孩，不知道从什么时候开始，他学会了说脏话，经常把"屁""放屁"等词挂在嘴边，和人发生争执时，还会说"你放屁"等不文明用语。

卡尔的父母纠正了几回，效果都不大好。

今天，卡尔在和小朋友玩耍的时候和小朋友吵了起来，卡尔要先玩积木，小朋友想先玩过家家，于是两个人吵得不可开交。后来，卡尔急了，张口就说："屁！我说玩什么就玩什么，你不要再给我放屁了。"

小伙伴被骂后，傻傻地愣了一会儿，"哇"的一声哭了出来。

妈妈过来劝慰两个人的时候，小卡尔对着妈妈也是满口脏话，妈妈这才意识到小卡尔的问题有多严重。

从那以后，卡尔的父母开始注意卡尔的品德教育，他们以身作则，在日常生活中不说脏话，讲文明懂礼貌。他们还利用卡尔爱看的动画片，教育卡尔什么是文明小天使，什么话是他不能说的。一开始卡尔还不明白什么是文明，什么是脏话，后来听得多了，又看到爸爸妈妈总是客气地对人说话，他渐渐也就明白了自己该怎么做、怎么说，怎么做一个文明的小天使了。

如果想让孩子成为一个文明的小天使，父母就要让孩子做一个讲文明懂礼貌、不口吐脏言、不撒谎的人。

其实，小学初中的孩子经常会有一些不文明的行为，但是这个年龄段的孩子只会在家庭或者学校中把这些不文明的行为肆意地表现出来，随着年龄的增长，这些不文明的现象会逐渐减少甚至消失。这和孩子还没有足够的意志力控制自己的行为有关。但是，在孩子出现不文明行为时，父母也不能完全置之不理，要冷静对待孩子的不文明行为，先找出诱因，再根据孩子的具体情况来纠正孩子的不文明行为。在纠正孩子不文明行为的过程中，父母要进行有技巧性的批评教育，告诉孩子这种不文明的行为会引发严重后果，帮助孩子进行改正。

孩子诸多的不文明行为中，"出口成脏"的问题一直是让父母最头疼的问题。因为有些父母会觉得这并不是大问题，当孩子刚出现这种现象时，父母并不会严厉制止，当孩子已经形成习惯后，想改却已经很难了。很多父母还会抱有侥幸心理，觉得孩子长大以后就会明白自己的行为是不对的，不必及时纠正。所以，当孩子有说脏话的现象时，父母应向孩子讲明说脏话的坏处，告诉孩子：说脏话是一种不文明的行为，是对别人的不尊重，这还会引起别人的反感，从而被别人疏远。总之，一定要让孩子了解到说脏话的坏处，再帮助孩子改掉这个习惯。如果孩子一时无法改正，父母可以帮孩子寻找一些替代词语，当孩子想要说脏话时，让孩子用一个比较文明的词来代替，效果也会很好的。

另外，现如今爱撒谎的孩子也不少。当孩子撒谎的时候，父母不要太难过，因为，从发育角度看，孩子撒谎是一种正常的成长现象。但是如果父母不在孩子撒谎的时候进行正确的引导，那么孩子就会谎话越说越多，直到让撒谎成为习惯，无法再改正过来。所以，当孩子撒谎时，父母不要不管，也不要打骂，要以身作则，在日常生活中不对孩子撒谎，教孩子做一个正直文明的人，并用一些奖品来奖赏说真话的孩子。让孩子知道，即使他犯了错误，只要肯说真话，就会得到他人的肯定和原谅。从而引导他形成不撒谎的好习惯。

【哈佛教子锦囊】

文明，包括很多方面，有礼貌、有爱心、有道德、有正义感等都是文明。父母不能因为孩子的某一方面做得不好，就给孩子贴上不讲文明的标签，也不能因为孩子某一方面做得很好，就放任孩子其他方面不讲文明，不懂礼貌的坏毛病。父母要全面培养孩子，让孩子在父母面前不胆怯、不叛逆，让孩子在父母面前展现自己最真实的一面。

培养孩子的探索精神

意大利伟大的物理学家和天文学家伽利略从小就是个好奇心非常强的人，他特别喜欢问"为什么"。他总是会问父母："为什么蝴蝶会飞可是猫不会飞？为什么两点之间直线距离最短？……"不问个水落石出决不罢休，他常常把父母问得哑口无言。

一天晚上，伽利略和妈妈正在屋外乘凉。突然，他指着天空问妈妈："妈妈，为什么天上有那么多星星？"

妈妈说："除了我们生活的地球，宇宙中还有很多的行星，它们就是我们眼中的星星。"

伽利略却不满意这样的回答，又接着问："那白天这些星星都跑到哪儿去了呢？"

妈妈知道他不弄明白就会不停地问下去，于是耐心地回答道："星星一直都在天上，但是白天太阳出来了，太阳比星星亮得多，太阳的光辉就把星星的光辉盖过去了，所以我们就看不到星星了。"

伽利略看了行星的图片后，又问："行星为什么要绕着圈前进呢？"

这回，妈妈也回答不上来了。

伽利略的问题很多，有一次，他遇到了数学家利奇，就迫不及待地向利奇请教起来，利奇很喜欢这个喜欢问为什么的小伽利略，伽利略也决定拜利奇为师，向他学习更多的几何方面的知识。长大后的伽利略也没有改掉常问为什么的习惯，经过不断地提问和潜心研究，伽利略终于总结出了物体的惯性定律，还确定了伽利略相对性原理，为人类科学研究做出了巨大的贡献。

在日常生活中，父母要让孩子学会问为什么，多看多学多问，培养孩子的思维能力，让孩子变得善于发现问题和勤于思考。从小就勤于思考、有探索精神的孩子，长大后才能在竞争激烈的社会生活中取得成就。

但是，现在很多父母却把孩子的好奇因子扼杀在了摇篮里。当孩子总有问不完的问题，或对事物充满好奇心时，父母却觉得孩子的问题太多，太烦。但是等到孩子逐渐长大，父母又开始埋怨孩子不爱问问题了。父母要知道，好奇是孩子的天性，正是这种天性与探索精神激发了孩子的创造性。在日常生活中，父母要多培养孩子独立思考和善于提出问题的习惯，父母对于孩子好问的习惯应该给予鼓励和支持。父母不应质疑孩子提出的问题或敷衍地回答孩子提出的问题，这样做有可能打击孩子对生活的探知欲望，让孩子逐渐不再喜欢思考问题。有难题时，孩子只会依赖父母或他人来解决问题。

想要让孩子在生活中多提问，父母就要用不同的方法来吸引孩子的目光，让孩子学会从不同角度思考问题，慢慢激发孩子对提问题的兴趣。面对孩子的问题时，父母要认真对待，要保持冷静、客观的态度，认真为孩子进行解答。父母引导孩子的方向应该符合孩子的知识水平，难度过大的问题有时反而会挫伤孩子思考的积极性。

除此以外，父母还要鼓励孩子在日常生活中多看多说，多看身边的事物，孩子有什么看法和观点时父母应鼓励孩子大胆地说出来，不要认为孩子还小，父母就觉得他们的想法是幼稚的，忽略和驳回孩子的意见。在日常生活中，一些家庭中的事情父母可以让孩子一起参与讨论，当最后决定时，如果孩子存在疑问，父母应该告诉孩子这件事为什么要这样做，让孩子能更好地进行提问和思考。

父母还可以多带孩子去室外玩耍，在玩耍的过程中，主动向孩子提问，以供孩子进行思考。

【哈佛教子锦囊】

当孩子对生活中的诸多问题产生疑问和探索的兴趣的时候，父母要积极鼓励，不要敷衍孩子的问题，否则会打击孩子的探索精神，这对培养孩子的良好生活习惯不益。

当孩子不擅于发现生活中的问题、不喜欢提问时，父母要想办法引导孩子多提问，不要让孩子成为一个"闷葫芦"，对什么事都不关心、不感兴趣。

劳动可以帮助孩子克服破坏欲

爷爷有一个收音机，每天走到哪听到哪，孙子贝姆看到后，十分好奇，他想：这个能发出声音的东西为什么不像电视一样有图像呢？

他总是缠着爷爷问："爷爷，这是什么？为什么会发出声音呢？难道里面住着人吗？为什么我们看不到里面的人呢？"

爷爷总是笑呵呵地回答道："这叫收音机，里面住着很多有趣的人，爷爷最喜欢听收音机了。"

"真的？"贝姆听了爷爷的话后十分开心，可是他觉得人被关在那么小的空间里太可怜了，于是就决定把收音机拆开，把里面的人放出来。

一个午后，爷爷午睡醒来之后发现自己放在床头的收音机没有了，他以为不小心掉到了床底下，可找了半天也没找到他心爱的收音机。

正在这个时候，他听到孙子的房间里传来叮叮当当的声音，还听到贝姆说："爷爷说里面住了很多人，可是怎么一个都看不到呢？"

爷爷推开贝姆的房门，看到贝姆嘴噘得老高，手里捧着一堆破烂东西。

爷爷一看，心疼坏了。原来，贝姆趁爷爷睡觉的时候，把收音机给拆了，现在贝姆手里捧着的，就是收音机的"残骸"。

爷爷看着这一堆损坏的零件，欲哭无泪。

孩子在成长的过程中少不了有破坏行为，但很多时候孩子拆卸家里的东西的行为并不是一种恶意破坏的行为，而是一种探索学习的表现。所以，父母对于孩子的破坏行为要进行善意的引导，而不是过分的苛责。那么，面对孩子在日常生活中的破坏行为，父母该如何应对才算是善意的引导呢？

当发现孩子刚存在破坏行为时，父母可以给孩子买一些可拆卸的玩具，以此满足孩子的好奇心，让孩子愉悦地探索这个世界上的事物。毕竟，对外界好奇是孩子的天性，当孩子拆卸家中物品时，父母要给孩子提供一些可拆卸的玩具替代家中的物品，这样既满足了孩子的求知欲，又可以防止孩子对家中的物品进行"破坏"。不过，就算孩子在玩可拆卸玩具时，父母也要告诉孩子要爱护周边事物，不要随意破坏，并且要让孩子知道恶意破坏事物的严重后果。

另外，父母可以用劳动的方式来引导孩子，让孩子变破坏为劳动。现在的孩子大多是独生子女，他们被父母捧在手心里，洗衣、打扫等家务活从来不插手，孩子对周边事物的好奇心得不到满足，充沛的精力也无法发泄出来，所以孩子只好在家里搞破坏了。所以，作为父母不应剥夺孩子劳务的权利，相反还应鼓励孩子多参加家务劳动，从小就锻炼孩子的动手能力，让孩子变破坏为创造。

而且，适当的劳动还有益于身体健康，父母不要忽视了劳动对孩子的重要性。其实，很多孩子在劳动的时候，是把劳动当作游戏来进行的，就和他们搞破坏是为了探索这个世界一样，他们认为劳动不仅充满了乐趣，还能发现生活中很多"秘密"，所以在孩子自己完成某件劳动的过程中他们是快乐的。不仅如此，多参加劳动还能让孩子早日独立，并且培养孩子勤劳的品质，这对他们的成长都是有利无害的。

不过，有的时候孩子的动手能力还不足，即便是创造，在父母的眼中也跟搞破坏没有两样。这时候，父母要陪伴在孩子身边，亲自给孩子做示范，以此来培养孩子的动手能力，告诉他们怎么做才是正确的，什么行为是没有意义的破坏行为。当孩子在一定程度上理解了父母的行为后，父母要学会放手，不要总是在旁帮衬孩子，否则孩子就会对父母产生强烈的依赖心理，日后孩子即使面对自己感兴趣的事也不会去做，甚至自己能做的事情也懒得动手，他们会认为"反正爸爸妈妈会帮我做"。当孩子独自完成了某项劳动时，不管成果如何，父母都要及时地给予鼓励和肯定，让孩子产生成就感，愿意继续劳动。

【哈佛教子锦囊】

日常生活中，要培养孩子热爱劳动的良好习惯，让孩子在劳动中体会生活的艰辛，并明白一分耕耘、一分收获的道理。父母可以给孩子安排一些家务劳动，如果孩子不感兴趣，父母应该把家务劳动多样化，让劳动看起来是一件快乐有趣的事，从而吸引孩子的注意力，并引导孩子主动动手劳作。

当孩子主动提出要做家务时，父母不要拒绝孩子的请求，要把安全注意事项告诉孩子，然后放手让孩子去尝试，这样能在很大程度上激发孩子的劳动积极性。

会自省的孩子更易成功

如果你是在哈佛求学的学子，有些教授可能会提醒你，千万不要做早年的富兰克林。这是为什么呢？

原来，富兰克林年轻时很自负，他总觉得自己很了不起，从来不会对自己的行为进行反省。直到有一天，他的一个朋友实在是看不下去了，才真诚地劝告他说："富兰克林，当别人与你的意见不同时，你总是表现出一副强硬而自以为是的态度。你这种态度令人很难堪，以致别人懒得再听你的意见了。你的朋友们不同你在一处时，他们还觉得自在些。你好像无所不知、无所不晓，别人对你无话可讲了。人人都不喜欢和你谈话，因为他们费了许多气力，反而觉得不愉快。你以这种态度和别人交往，不虚心听取别人的意见，这样对你自己根本没有任何好处。你从别人那儿根本学不到一点东西，你实在是应该好好反省反省自己的行为了。"

富兰克林其实也隐隐有些感受，听了朋友的话后讪讪地站起来，低头说道："我真的感到很惭愧。不过，我其实也是很想进步的。"

朋友马上说："那么，你现在要做的第一件事就是：你应该好好想想你的行为，到底错在了哪里。"

和朋友分开后，富兰克林想：我得和自己做一次谈话了，我现在要研究一个新的题目，那便是我自己。他想要反思自己之前的行为，从中摒弃骄傲的自己，制造出一个懂得自省的自己。而他最终也成功了。

很多孩子在犯错后，父母经常做的不是打就是骂，可是这种方法经常毫无效果，孩子该怎么样还是怎么样，一点没有意识到自身的错误。这时候，父母应该怎么办呢？父母应该用循循善诱的方法让孩子发现自己的错误，并让孩子积极进行自我反省，直到孩子能认识到自己的错误，并努力改正。

其实，自我反省是人们不断进步的前提条件，一个具备良好的自我反省能力的人，能及时发现自己的错误并改正过来，而对于还不具备这种自省能力的孩子而言，父母就应采取一些适当的手段，从小培养孩子的自我反省能力了。

首先，父母不要一味地说教。当孩子犯错误时，父母的训斥可能会让孩子因惧于父母的权威而勉强承认自己的错误，但这可能只是表面的，在孩子的内心可不是这么想的，他们反而会觉得父母的说教伤了他们的自尊心，这还会让父母和孩子间产生隔阂。

因此，当孩子犯了错误后，父母不要进行训斥和指责，可以尝试着用一些和缓的话语引导孩子，让孩子产生内疚感，使孩子对自己的行为是否正确产生疑问。这时候父母再出面，让孩子学会反省，并勇于承认自己的错误。

有些父母可能觉得，孩子能有愧疚感已经很不容易了，就没有必要一定要让孩子承认自己的错误、承担后果了吧。事实上，反省的目的就是要让孩子学会承担犯错误的后果。父母在孩子犯错后，不能不指出孩子的错误，更不能替孩子去承担犯错的后果，否则这样做只会让孩子觉得就算是做错了也没关系，渐渐地，孩子就会缺乏责任心和自我反省意识。所以，父母要让孩子自己承担犯错的后果，让他们通过这个过程学会自我反省，不再犯类似的错误。

除此以外，父母还要给孩子灌输一些正直、善良、诚信的道德理念，以此来帮助孩子塑造美好心灵，并促使孩子学会自我反省。

【哈佛教子锦囊】

当孩子犯错后，父母要先问清楚事情的来龙去脉，不要一看到孩子闯祸就一味地让孩子认错，或许孩子只是好心做了错事呢？所以，父母不能早早就给孩子贴上"坏孩子"的标签，要先了解事实真相，再对孩子进行教育。如果真的是孩子的错误，父母也不要一味打骂批评，要给孩子一个自我辩解的机会，哪怕这些辩解只是孩子的借口，父母也要先听一听孩子怎么说。

父母要教导孩子学会分析自己的错误，并让孩子为自己犯的错负责、承担犯错后的后果，并引导孩子学会自省，让孩子再遇到类似的事情时，不再犯同样的错误。

引导孩子做个守规则的人

"作业写完了吗？写完作业再看电视。"妈妈下班回家，发现马卡又坐在电视机前看电视，书包还扔在地上，一看就知道他还没有写作业呢。

马卡看电视正看得入迷，一点不理睬妈妈。

妈妈说了他几句，他并不听，妈妈只好无奈地去厨房做饭了。

等到饭菜上桌，他才不甘不愿地关掉了电视，吃完饭，他又磨蹭了很久，才去房间写作业。

理所当然的，这种情况下写出来的作业，不管是质量还是数量都是不合格的。

而且，马卡的妈妈还发现儿子没有什么规则意识，做事不遵守规矩，出门还不爱遵守交通规则，这可是个大问题。

于是，在接下来的日子里，妈妈逐渐开始培养马卡的规则意识，不仅为他制订了一些规章守则，还教育他出门要遵守交通规则，不能只顾埋头走路。

一开始马卡对这些规则是很反感的，可是被妈妈强迫执行了几天后，马卡发现：在规定时间内写完作业后，他可以有更多的时间看电视和踢足球，于是他就开始积极地响应妈妈的"号召"，严格按照妈妈制订的规则来执行，慢慢地养成了遵守规则的好习惯。

俗话说：没有规矩，不成方圆。但是因为父母的溺爱，现在的很多孩子却不管这些，他们从小就认为自己是自由的，没有规则可以束缚他们，他们想做什么就可以做什么。为什么越来越多的孩子会有这种想法呢？因为很多父母对孩子不守纪律、无视规则的行为要么一笑了之、要么严厉指责，让孩子对"规矩"的概念理解错误，对规矩产生了很大的误解。

因此，父母在教导孩子守规则时，如何让孩子了解规则的重要性，孩子该如何遵守这个世界的规则，是十分重要的内容。父母应该让孩子明白只有尊重规则，规则才会尊重他，才会保护他。

这个世界上有很多的规矩和规则，例如，过马路要遵守交通规则、上课要遵守课堂秩序、在公共场合要遵守文明守则等。遵守规则是一个人享有权利和义务的保证，这也可以看作一个人是否有良好生活习惯的重要依据。但遵守规则的习惯并不是一朝一夕便能形成的，父母应该从小就对孩子进行规则教育，让孩子明白遵守规则的重要性。那么，在孩子成长的过程中，一旦父母发现孩子有不遵守规则的行为时，该如何帮助孩子及时纠正，防止他过于"自由"而变成一个无视规则的人呢？

因为父母的日常行为对孩子影响很大，所以在纠正孩子的行为之前，父母应该也要反思自己的行为习惯，看看自己是不是在日常生活中也有随便插队或乱闯红绿灯的坏习惯。如果有这类行为，父母一定要马上改正，为孩子树立好榜样。

父母还可以和孩子一块看一些教育类的电视节目，通过类似的节目教孩子做一个遵守规则的人。当在电视节目中看到类似遵守规则的情节后，父母可以趁机教育孩子，告诉他们遵守规则的好处和重要性，同时告诉他们不遵守规则会产生哪些不良的影响，让孩子直白地理解规则是什么，为什么要遵守规则。等孩子明白这些道理后，再要求孩子来遵守规则就轻松多了。不过，一味地讲道理有时候会让孩子觉得厌烦，这时候，父母就可以为自己的孩子制订一些"家规"，在其中加入一些小规则，如果孩子违反了这些规则，就要接受一定的惩罚等。

【哈佛教子锦囊】

在和孩子讲规则的时候，父母不能只讲道理，也要结合实际，让孩子更加直观地理解什么是规则，应该如何做才是讲规则、懂礼貌的行为。

父母可以和孩子讲一些名人或伟人在生活中守规矩的事例，让孩子形成一个"讲规矩的人更容易成功"的概念。除了名人的故事，父母也要以身作则，给孩子做一个榜样、做一个守规则的人，这样孩子也会受父母的良好影响，养成守规矩的好习惯。

培养孩子细心的好习惯

在某个城市有两条地铁线，人们很容易感受到两条地铁线的差异。

原来，这两条地铁线在设计细节上有很大的不同，一号线站台宽阔，人们上下车非常方便。不仅如此，为了提醒乘客远离轨道，一号线还把靠近站台的50厘米内铺上醒目的装饰砖，又用黑色的大理石嵌了一条边。这样一来，当乘客走近站台边时，就会产生"警惕"意识，从而自觉远离危险区域。而为了避免乘客不小心掉下站台，一号线还设计了相应的站台门，车来打开、车走关上，非常方便。

在每个地铁出口处一号线还都设计了一个转弯，在室外出口非常人性化地设计了三级台阶，虽然这增加了很多建造成本，但却帮人们减少了很多不必要的麻烦。原来，这一地区的地势较低，一到夏天，雨水经常会倒灌入建筑里。而一号线在地铁口设计的三级台阶，可以防止雨水倒灌，从而减轻地铁的防洪压力。

与一号线相比，二号线地铁的设计不仅没有安全感，还不人性化。二号线没有使用装饰线提示乘客注意安全，也没有安排专人提醒乘客注意安全，这增加了发生危险的概率。为了"节省成本"，二号线还省掉了必要的站台门，让人们十分不安。而且二号线室外也没有设计三级台阶，这样一来，一到下雨天，地铁二号线就会进水被淹，这不仅造成了巨大的经济损失，还会影响乘客出行。

久而久之，人们都愿意乘坐一号线而不愿意乘坐二号线，花大成本制造的便民措施，最后却只成了一个几近废弃的线路。

很多父母在一起交流教子经的时候，都会抱怨自己的孩子不够细心，总是丢三落四，做事还马马虎虎，让人很不放心。想要解决孩子马虎不细心的毛病，父母就必须寻根问源，对症下药。其实，孩子的这种马虎行为通常是由两种情况造成，一种是孩子平时没有养成良好的习惯，导致做事粗枝大叶；另一种是孩子的生理和心理年龄均尚未成熟，做事时不能全神贯注。

因此，父母在抱怨孩子马虎的同时，也要观察和分析一下，孩子到底是因为什么原因才会不细心的。如果孩子是因为日常生活中没有养成细心的习惯，父母就要帮助和引导孩子，让孩子学会观察事物，发现生活中的细微之处，让孩子知道细心对待生活的好处和重要性。这样孩子就会慢慢养成细心的好习惯，在日常生活中也会多看多问多想了。如果孩子是因为做事不能全神贯注，没有切合自己的实际能力而想当然地去做想做的事情才导致的马虎，父母应采取治本的方式进行纠正，让孩子从思想上对细心和马虎有一个正确评判，并同时培养孩子对待事物的责任心，让孩子变得细心不马虎。

而且，父母应该从生活中的小事入手培养孩子认真细致的习惯，可以让孩子做一些力所能及的家务，当孩子能够仔细认真地完成家务劳动的时候，父母要给予鼓励或奖励，不要吝啬对孩子的表扬。当然，孩子如果在做事的过程中总刻意捣乱，父母也要适当地对孩子进行批评教育。在批评孩子时父母也要注意方法，不要急于发怒责备，而是要耐心地向孩子讲明细心做事的好处，以及如何才能发现生活中别人很少能发现的小细节，让孩子在探索中感到愉悦，这样对孩子改变马虎的毛病十分有利。

另外，父母要在日常生活中给孩子做榜样。因为父母是孩子的人生导师，只有父母不马虎，善于发现生活中的小细节，孩子才会在父母的影响下变成"小细心"。

【哈佛教子锦囊】

当孩子做事马虎，总是丢三落四的时候，父母的指责和训斥只会让孩子做事更加放不开，让孩子过分担心自己会出错，反而容易造成孩子的失误。想要让孩子做个细心的人，父母应以身作则，在日常生活中做事不拖拉，不丢三落四。

父母要巧用惩罚和奖励，可以制定一个赏罚制度，鼓励孩子发现生活中的小细节，从而锻炼孩子的观察力、培养孩子细心的好习惯。当孩子表现良好时，父母一定要及时给予奖励和鼓励，但应避免给予过多的物质奖励。当孩子马虎的时候，父母的惩罚也不应过重，以免引起孩子的不满，不愿意配合父母的行动。

帮助孩子告别懒惰

很久以前，有个懒孩子，他从不自己起床穿衣服，也不愿意自己洗脸、刷牙，每天他不是喊爸爸妈妈，就是叫爷爷奶奶，让家里人来照顾他。

这个懒孩子有个梦想就是只要自己躺在床上喊一声，自己想吃的、想用的就会出现在自己面前，不用自己动一根手指头就能吃饱穿暖，多么幸福啊。

有一天，懒孩子睡得正香的时候，上帝出现在他的梦里，温柔地对他说："我能实现你的梦想，你真的想躺在床上就能做任何事情吗？"

"当然！"懒孩子重重地点点头，对上帝说："我做梦都想变得那么幸福，只要躺着就能做到任何事情，多好啊。"

听了懒孩子的话后，上帝笑了笑，说道："你现在不就在做梦吗？不过，我会实现你的愿望的。"说完，懒孩子就觉得眼前亮光一闪，有什么东西进入了自己的身体，然后他就惊醒了。

醒来后，懒孩子觉得肚子饿了，想起今天妈妈做的肉饼真好吃，便想着：要是现在能吃个肉饼就好了。刚这样想，突然有个东西出现在他面前，竟然真的是妈妈做的肉饼。

懒孩子又想，要是能吃到嘴里就好了。果然，下一刻肉饼就自己跑进了他的嘴里，没等他尝出任何味道，肉饼就一下子"钻"进了他的胃里。

懒孩子吓了一跳，等回过神来的时候，肚子已经饱了。他想：难道上帝真的实现了我的愿望？

于是他又试了一回，这回他想吃苹果了，可他刚想到，苹果就跑进了他的嘴里，还没等他嚼，就到了他的胃里。

这是怎么回事？难道他以后都要这样吃东西吗？这样自己什么味道也尝不出来，什么也感觉不到，这哪里是幸福，简直就是折磨。

在那以后，也确实如他所想，他再也没有尝到过任何美味的东西，因为这些东西都在一瞬间"钻"进了他的胃里，只留下空气中的香味让他更加难过。

现在，很多的家庭中都出现了不同程度的懒孩子，不少孩子每天只窝在家里看动画片，哪儿都不想去，什么事情也不愿意做，一副很懒惰的模样。其实，孩子的懒惰心理，和父母对其的娇惯是密不可分的。

虽然每个人或多或少都有懒惰心理，但后天父母的培养对孩子来说至关重要。现今每家几乎只有一个孩子，家庭的生活条件也越来越好，父母就不愿意让孩子像自己小时候一样吃那么多苦，父母觉得自己有能力给孩子最好的生活，所以不仅舍不得打骂孩子，还舍不得孩子动手做事，这就让孩子养成了懒惰、懒散、磨蹭的坏习惯。

所以，想要让孩子不再懒惰，父母的正确引导十分有必要。首先，父母要以身作则，从日常生活中去影响孩子。父母在日常生活中不能表现出懒惰磨蹭的习惯，更不能为自己的懒惰行为找借口。当孩子看到父母都在为自己的懒惰行为找借口时，就会觉得自己更有理由和借口懒下去了。所以，父母要在日常生活中对孩子做一些好的影响，自己勤快，孩子才能改掉懒惰的坏习惯。

在改掉孩子懒惰习惯的过程中，如果孩子真的不愿意改，父母也不要过于严厉地打骂孩子，要对孩子晓之以理、动之以情，先跟孩子摆事实、讲道理，耐心地跟孩子讲明懒惰磨蹭是一种坏习惯，让孩子了解懒惰可能带来的可怕后果。而且，当孩子想为自己申辩的时候，父母要允许。但是父母要让孩子明白，申辩并非强词夺理，而是教孩子把道理讲清楚讲明白，使孩子去慢慢改变不良习惯。

如果孩子实在是不听道理，父母也不要急，更不要一味地批评训斥孩子，可以采取一些小技巧，让孩子在无意识中改掉懒惰的习惯。比如，父母可以用孩子感兴趣的事情来提高孩子的做事速度，还可以在孩子做事的过程中和孩子进行比赛，通过这种最直观的方式来刺激孩子，让孩子不再犯懒，对待事物时变得积极主动起来。毕竟，有激励才有进步嘛。当孩子取得进步时，父母可以给孩子一些奖励，让孩子体会勤快的好处，孩子自然而然地就能改掉懒惰的坏习惯了。

【哈佛教子锦囊】

　　世界上没有天生的懒孩子，只有被父母宠出来的"懒娃娃"。所以，要想让孩子不懒惰，父母应放开手、狠下心，多让孩子参与到日常事务中来，不要担心孩子会吃苦。

　　当孩子提出要帮父母做事时，父母不要拒绝，要交给孩子一些他力所能及的家务或工作，并让孩子独自完成，让孩子在劳动中得到乐趣，获得成就感。

第七章

教导孩子正确看待
自己的优劣势

教孩子正确认识自己

有一位刚刚入行的推销员正在向人们推销公司的最新产品。他已经好几天都没有把产品推销出去了，如果再这样下去，他就会失去这份工作，流落街头，一日三餐都会没有着落的。

推销员为了保住这份工作，只好更加卖力地推销自己的产品。

可是，很多人听了他的详细介绍之后，却十分平静地说："听完你的介绍之后，我丝毫没有购买的意愿。"

推销员十分失望，不由得低下了头。

这时候，有个人对他说道："像这样面对面做推销的时候，推销员一定要具备强烈吸引对方的魅力，如果你做不到这一点，将来就没什么前途可言了。"

推销员哑口无言，不知道该如何是好。

这个人说："年轻人，你先努力改造自己吧！"

"改造自己？"推销员惊讶地抬起头。

这个人微笑道："是的，要改造自己首先必须认识自己，你知不知道自己是一个什么样的人呢？你要尽可能地去认识自己，在推销产品，替别人考虑之前，你必须要先考虑自己，认识自己。"

推销员恍然大悟，从那以后，他开始努力认识自己、改善自己，终于成为一代推销大师。

每个人都是这个世界上独一无二的存在，都应该认识到自己独特的价值和天赋，唯有这样才能实现自我价值，取得成功。

但是现在的孩子却正好缺乏对自己正确认识的能力。有些孩子只能看到自己的长处，敢想、敢说、敢做、敢当，但也胆大妄为，以为全世界都在自己脚下；有些孩子只能看到自己的短处，性格十分自卑、怯懦、胆小、迷茫，觉得自己一无是处，因此什么事都不敢做。如何让孩子正确地认识自己，是父母的最新任务和责任。

孩子的成长过程是一个心智逐渐成熟，对自我和外界逐渐形成独立认识的过程，这时期的孩子容易将父母和老师灌输的观点看作唯一正确的真理。所以，在教育孩子如何正确认识自己的时候，父母对孩子的评价具有很强的暗示和诱导作用。因此，父母在教孩子正确认识自己时，要找准方向，不要给孩子贴上有色标签，要用欣赏的目光看待孩子，让孩子正确认识自己的长处和短处。比如，父母不能因为孩子学习成绩不好，就断言孩子"没有出息"，孩子可能解不出那样多的数学难题，但却是写诗歌、小说的能手；孩子或许英语成绩差点，但却能言善辩，有着很好的人缘；孩子也许画画不好，但却有动人的歌喉……

父母要在教孩子正确认识自己的同时引导孩子学会如何扬长避短，发挥自己真正的潜能。只有这样，孩子才能在父母的影响下，不因一点点出众的才华而得意忘形、目空一切，也不会因为一点点缺陷和失误就萎靡不振，而是在认识自我的正确道路上阔步向前，最终实现自我价值。

父母要告诉孩子，一个能够正确认识自己，并且能够全面客观准确地评价自己的人，才能找准自己的人生位置，并学会游刃有余地处理自己在生活中遇到的各种问题。

在教育孩子正确认识自己的时候，父母可以借鉴国内外名人或伟人的故事，让孩子通过这些名人的传奇人生经历，锻炼正确自我认知的能力，并学会正确认识自己的长处和短处。只有一个人能够正确认识自己，才能够了解自己的优点和缺点，才能自觉地找出自己与别人的差距，取人之长、补己之短，并且学会自我反思。父母不仅要自己知道和了解这些道理，还要把这些道理告诉孩子，要引导孩子看清自己，并走向实现自我价值的道路。

【哈佛教子锦囊】

孩子的成长过程是一个孩子在逐渐变得成熟的过程，但是现在这个社会太复杂，很多孩子如果没有父母的教导，很容易会迷失自我，无法正确认识和了解自己。所以，父母要从小教育孩子正确认识自己，让孩子不要自卑气馁，也不要自大自满。

改变孩子以自我为中心的意识

哈雷在一家公司工作，公司内部调整时，他本以为自己能够当上部门经理，没想到他却发现公司领导层似乎更看重一个在学历与工作能力上都不如自己的同事。他心中愤愤不平，决定做最后一番努力。他想假意提出辞职，以提醒领导层他在这个公司是不可或缺的。

他把他的想法告诉了他的一个朋友。

朋友说："有一个实验可以判断一个人是否是不可或缺的。这个实验非常有说服力，已经对许多人做过，每次结果都让被实验的人心服口服。"

"这么神奇？到底是什么样的试验？"哈雷好奇地问。

这时，朋友拿出一个玻璃杯，往里面盛入水然后将一根手指插入水里，停留一会儿后，他抽出手指，对哈雷说："看看这杯水有什么变化。"

哈雷仔细看了看没有发现任何变化，便摇了摇头。

朋友笑道："那你还不明白吗？"

哈雷顿时醒悟，原来，有时我们总以自我为中心，以为自己是特别的，是无所不能，高高在上的。但没有了谁，地球都照样会转下去，我们对于整个地球或者是某个团体来说，并不如我们自己想象中的那么重要和不可或缺。

如今社会中，有很多人经常以自我为中心，只盯着自己的利益，看不起别人也不愿意帮助别人。当这些人的要求得不到满足时，就会产生"世界真不公平"的想法，导致自己经常有焦躁、不安和愤恨的情绪出现。在这样的大环境的影响下，现在的孩子也变得越来越以自我为中心，这样的孩子一般都不太合群，不会和小伙伴融洽相处，经常与他人产生争执甚至一言不合就大打出手。如果父母不及时纠正孩子的这种不良心理，就会让孩子变得不合群、社交面越来越窄，让孩子缺乏与同龄人的交流和正常交际，而长期缺少与同龄人之间的交流时，孩子在社会方面的能力就会下降，甚至产生社交恐惧症等严重后果。这些以自我为中心的孩子，他们常常会有"唯我独尊"的想法，不把任何人放在眼里。对于这类孩子，父母要富有爱心和耐心，对孩子的错误要以说理、教育为主，批评惩罚为辅。父母不要一味地压制、严厉批评孩子，这样做不仅不能解决根本问题，还有可能会激起孩子的反抗心理。这时，父母应在公平公正的前提下对孩子进行说服教育，通过故事、实例，以及父母自己的心得体会等教育孩子，让孩子明白"以自我为中心的人不受大家欢迎"的道理，教孩子做一个真正受大家欢迎的人。

在教育孩子的时候，父母语气要和缓，要让孩子打从心底里接受父母的教育，真正改掉以自我为中心的坏习惯。不过，当孩子出现严重的错误时，父母该批评也要批评，还要给予相应的惩罚。但是在惩罚的过程中，父母也要告诉孩子惩罚他并不是不爱他，而是他做错了事情，他的行为不对，父母才会生气并训斥他。

另外，孩子的自我意识过盛和父母的过多干涉也有一定的关系。比如，孩子和小伙伴之间发生了冲突，父母作为孩子的监护人，赶紧跑过去为孩子"撑腰做主"，这会让孩子的自我意识过盛。所以，当孩子出现类似事情时，父母不能事事以自己的孩子为中心，什么都干涉，父母应引导孩子自己解决与小伙伴之间的争执，告诉孩子要公正处理他与小伙伴的不同意见，并监督孩子行动起来，解决矛盾。父母要知道，让孩子在冲突中认识到别人的重要性也是有必要的，父母要教孩子学会尊重他人的意愿，不能唯我独尊。

【哈佛教子锦囊】

以自我为中心的孩子大多性格霸道，父母应该先引导这类孩子改变做事霸道的习惯，再教育孩子做人要和善，不能自己想怎么样就怎么样，让孩子学会考虑别人的感受。

父母在日常生活中不要对孩子的行为干涉过多，否则也会造成孩子霸道的毛病。父母要让孩子尝试自己解决问题和矛盾。

孩子应贵有自知之明

一只秃鹰飞过一座漂亮的宫殿，看见宫殿里住着一只金丝雀。

金丝雀十分受宠，住在金色的笼子里，不用为食物担忧。

于是秃鹰问金丝雀："你是怎么得到国王宠爱的？"

金丝雀回答说："我唱歌十分动听，国王非常喜欢听我唱歌，于是十分喜欢我。"

秃鹰听了，心中很是羡慕，它想：我也应该学学金丝雀，这样说不定国王也会喜欢上我的。于是它就飞到国王睡觉的地方，开始叫起来。

正好国王在睡觉，听了秃鹰的叫声，他感到十分恐怖。国王叫属下去看看是什么东西在叫。属下回来报告说是一只秃鹰不知道为什么在叫。国王感到十分愤怒，就吩咐属下去把秃鹰抓了来，并命令属下拔光秃鹰的羽毛。

秃鹰浑身疼痛，满是伤痕地回到鸟群中，它恼羞成怒，到处对别的鸟儿说："这都是金丝雀害的，我一定要报仇！"

后来，金丝雀知道了这件事，却嘲笑秃鹰没有自知之明，它说："这真是一只没有自知之明的秃鹰，它每天总想着出人头地，只知道模仿别人，却不知道自己并没有相同的能力，最后只会弄巧成拙，无法达成预期的效果。而且，更令人感到可悲的是，它在失败后，从不会反思自己的行为，只会把责任往其他人身上推，这实在是太可笑了。"

日常生活中，很多孩子缺乏自知之明，无法真正认清自己，不知道自己有哪些缺点和长处。这样的孩子往往是比较自以为是、骄傲自大的。

俗话说：人贵有自知之明。自知之明指的是一个人要清楚自己的强项和弱项，明白什么事自己能做、什么事不能做，而不是执着于做自己能力之外的事情。当自己做不到时，还不知道反思，只会为自己找各种借口。

那么，孩子为什么会没有自知之明呢？这主要是因为孩子的自我认知能力较差，自身性格发展不够成熟。而且，现在过于优越的家庭生活条件及父母过多的夸奖、过分的溺爱等，都对孩子产生了一定的影响。所以，要培养出有自知之明的孩子，父母还得从自身做起，用正确的方法教孩子及早认识自己、了解自己。

想要让孩子认识自己、了解自己，就要让孩子学会"日省吾身"，让孩子在日常生活中学会自我反省，让孩子学会对自己的言行进行正确的评价，这种评价对他今后的学习、生活有着十分重要的意义。当孩子进步明显时，父母要给予一定的赞扬和奖励，但不要过分娇惯孩子，奖励应以精神鼓励为主。父母要尽量给孩子营造一个彼此尊重、平等温馨的家庭氛围，让孩子在这样环境中学会心平气和地与他人交流，互相倾听意见。渐渐地，孩子就会学会尊重别人，并在决定一件事之前广纳他人意见，从别人不同的意见、看法中，孩子才能更好地认识自己、了解自己，逐渐形成自我评价意识。

当然，有奖就有罚，当孩子总是欠缺自知之明，并且不听从劝导和管教时，父母也要利用自己的权利，对孩子进行一定程度的惩罚。

孩子缺乏自知之明，主要是因为他们没有清楚地了解自己，并且高估了自己的能力，总认为别人都不如自己。所以，父母应耐心引导孩子正确认识自己的优点和长处，并且要学会正视自己的缺点和不足，在发扬自身优点的同时，父母要帮助孩子弥补自身缺点。

在引导孩子看清自己的缺点和不足时，父母所用方法要得当，不能严厉斥责孩子，使其产生畏惧心理或伤害其自尊心；也不要过分娇纵，让孩子变得霸道、不讲理。正确的方法应是"晓之以理"，耐心地给孩子讲道理，并用身边人的事例或有趣的小故事启发孩子，让他以人为鉴。父母要告诉孩子"金无足赤，人无完人"的道理，要让孩子知道任何人都会有缺点，只有清楚地认识到自己的不足，才能更好地进步，未来的人生道路才会更加平坦。

【哈佛教子锦囊】

要想让孩子有自知之明就先要让孩子学会自省，正确认识自己的价值。父母要从小培养孩子正确的人生价值观，不要过于宠溺孩子，这样会让孩子产生全世界他最重要的想法，他自然就会形成没有自知之明的心态。

指引孩子发掘自己的优势

哈佛的一位教授曾见过一位衣衫不整、蓬头垢面，但其实长得很美的姑娘。姑娘的美丽外表却被邋遢的形象所掩盖了，这让姑娘总显得很不自信。

教授聊了一会儿，突然问她："孩子，你难道不知道你是个非常漂亮、非常好的姑娘吗？"

这句问话让姑娘美丽的大眼睛里放射出一缕亮光。她盯着教授那布满皱纹的善良面孔，惊喜地问："您刚刚说什么？"

"我说你很漂亮、很好，可你自己却不知道自己的优势在哪里。"教授对姑娘说。

姑娘从没受到过这样高的赞美，一直以来，她都是在人们的嘲笑声中生活的，得到教授这样的赞美后，姑娘羞涩地低下头，笑了起来。

教授拉着姑娘的手说："孩子，今晚我和我的夫人要去剧院看芭蕾舞剧《天鹅湖》，可以请你和我们一起去吗？"

"可以吗？"姑娘不安地问道。

见教授点了点头，她高兴地说："谢谢您，先生，我想先回家换身衣服，可以吗？"

"当然可以。"

出发的时间快到了，姑娘敲响了教授家的门。教授打开门一看，被眼前这个一身盛装的美丽少女惊呆了。

"先生、夫人，希望我没有迟到。"姑娘笑道。

这竟然是之前那位邋遢的姑娘！教授和夫人都不敢相信自己的眼睛，眼前这位姑娘的一颦一笑、一举一动都是那么优雅、适度，和她之前的形象简直是天壤之别。

自从姑娘发现了自己的优势以后，她开始变得自爱而奋发，后来成了一位著名的舞蹈艺术家。

在这个世界上每个人都是优点与缺点的集合体，我们身上既有他人羡慕的优点，也有无法让人认同的缺点。父母要告诉孩子：在这个世界上，没有人是完美无缺的，每个人都有优点，也有缺点。父母要让孩子学会正确看待自己的优点和缺点，不能因为自己在某方面的擅长而沾沾自喜，也不能因为自己的某个缺点而自暴自弃，要学会扬长避短，发掘自己的优势。

父母在教孩子学会发掘自身优点之前，应先告诉孩子：在看到自己优点的时候不能骄傲自大，过于自大会使自身的优势变为劣势。父母可以用讲故事的方法来告诉孩子这个道理。

日常生活中，父母要鼓励孩子对生活中的各种事物都去大胆尝试，多寻找自己的兴趣和爱好，在尝试的过程中发现自己的优点。父母要多鼓励孩子，不要让孩子担心自己可能做不好，或者因为结果达不到自己的心理期待而退缩。父母要告诉孩子，一切事物都是从尝试开始的，虽然不断的失败可能会打击孩子的自信心，但只要敢于尝试，就算不能取得成功，孩子也能从失败中学到很多知识，随着知识的积累最终能把这些知识变成自己的优势。

父母要让孩子知道：任何优点或缺点都不是绝对的，缺点在某些时刻也可以变成优点。因此，如果孩子暂时没有发现自己的优点，也不要因为自己的缺点而感到自卑，要化悲伤为动力，勇敢地改变自己，要更加努力地发掘自己的优点。而且，能看到自己的缺点也是一件好事，这样才能更好地认识自己，并找到改正的方法和方向，让自己逐渐进步。

当有人指出孩子的缺点时，父母要正确引导孩子，安慰孩子并告诉他不要觉得尴尬和愤怒，要让孩子大大方方地接受别人的意见，这样才能让孩子逐渐变得更好。

【哈佛教子锦囊】

每个孩子都有自己优秀的一面，父母要引导孩子发现自己的优点和长处，并善用这些优点，让孩子在日常生活和学习中获得成就感，品尝到成功的喜悦，从而更愿意发掘自己的优点。

不过，在鼓励孩子发掘自己优点的时候，父母也不要让孩子过于自满，以免孩子形成高傲自大的性格，不能正确认识自己的人生价值。

如何激发孩子的潜能

毕加索是西班牙的画家、雕塑家。在20世纪，他是西方最具影响力的艺术家之一，他虽然留下了很多优秀的作品，但小时候的毕加索并不是一个天才。

小时候，毕加索的学习成绩很差，尤其是他的算术基本上就没有及过格。

小毕加索非常惭愧，但是他自己真的学不会算术。老师批评也就算了，更让小毕加索难过的是，同学们每次见到他都挖苦他说："这不是那个10+5=25的白痴嘛！"小毕加索的自尊心受到了严重的打击，他开始惧怕上学，在学校里也不和其他的同学交流。

虽然学习成绩不好，但小毕加索有个爱好，那就是画画。每当上课听不懂的时候，他就拿出图画本画画，沉浸在自己的小世界里。

有一次，他在算术课上画画，正画着老师讲桌上的水杯时，老师走到他的身边，十分恼怒地训斥了他一顿，为此老师还把毕加索的父亲找来了，让他把毕加索带回家去。

父亲听了赶忙问："老师，我的小毕加索犯了什么错吗？"

"您看看，他居然在我的课上画画！"老师说着便把小毕加索的画扔给了父亲。

父亲看了看儿子的画，不但没有生气，反而高兴地说："哦，上帝，我的孩子居然会画画，这真是一件好事！"

从此以后，父亲便经常鼓励小毕加索画画，还教给他一些画画的技巧。慢慢地，毕加索画得越来越好，最后成为一名举世闻名的画家。

现在，我们经常说的一句话就是"不要让孩子输在起跑线上"，那么怎么才能不输呢？为孩子报各种兴趣班、辅导班。结果父母不但没有发掘出孩子的潜能，反而让孩子讨厌上课，对学习也十分反感，这让父母十分头疼，觉得自己的孩子真是一无是处。

其实，事实并非如此，每个孩子都有他擅长的事情和不擅长的事情，父母一定要学会了解自己的孩子，发掘出孩子真正的潜能。其实，每个孩子都有可以发掘的巨大潜能，只是父母缺少发掘的意识罢了。父母不要总以为发掘孩子的潜能就是给孩子报特长班，其实这种做法是盲目的、不科学的。有这样一句话："一个善于激发人们潜能的将军才是英明的将军；善于调动孩子的积极性、激发出孩子潜能的家长，才是一个优秀的家长。"所以，发掘出孩子的一种潜能胜过让孩子报100个特长班。每个孩子的特长都不一样，父母不能因为别人家的孩子在学舞蹈就要让自己的孩子去学舞蹈，而要问一问自己的孩子喜欢什么，多了解自己的孩子，从孩子的兴趣入手，这样才能真正地挖掘出孩子的潜能，让孩子不输在起跑线上。

很多时候，孩子喜欢某一件事情，但因为他们的人生经历还少，对自己的认识也不足，即使他们在某一方面有天赋，自己也无法发现，这就需要父母来帮忙了。日常生活中父母要多和孩子交流，认真了解自己的孩子。很多时候，孩子的潜能会在探索新事物的过程中显露出来，所以父母应引导孩子大胆地尝试探索新事物，比如带孩子一起野营、一起郊游，鼓励孩子走出房间，多去外面的世界看看，去探索大自然的奥秘，从而激发孩子探索未知事物的兴趣。无论如何，父母想要发掘孩子的潜能，首先要肯定自己的孩子是有潜能的，要相信自己的孩子，要和孩子多接触交流，慢慢发现孩子的潜能并帮助孩子发掘潜能。

【哈佛教子锦囊】

每个孩子都有他擅长的和不擅长的东西，父母要善于发现孩子的长处，发掘他们的潜能，不要总认为自己的孩子不如别人。父母要相信自己的孩子也有发光发亮的地方，父母应多关注孩子，用适合孩子的方式来激发孩子的各项潜能。

让孩子正视缺点，做自己想做的事情

一位年轻的父亲带着自己的孩子出门散步，来到一条饮食街时，他们停下了脚步，看着忙碌的小商贩。

只见卖面的小贩把油面放进烫面用的竹捞子里，一把塞一份面，仅在刹那之间就塞了十几把，然后他把叠成长串的竹捞子放进锅里烫。

接着他又以迅雷不及掩耳之势，将十几个碗一字排开，放盐、味精等，随后捞面、加汤，做好十几碗面竟连十分钟都没有用到，而且面铺老板还边煮面边与顾客聊着天。

父子俩看呆了，当他们从面摊离开的时候，孩子突然抬起头来说："爸爸，我猜如果你和卖面的比赛卖面，你一定输！"

父亲想了想，点点头说："是的，不只会输，而且会输得很惨。我在这世界上是会输给很多人的，因为我有很多的缺点，但是我也有很多优点。"

"比如呢？"孩子问。

"比如，我很擅长跳绳。"正好，父子两人来到了一个跳绳比赛的现场，父亲参加了比赛，并最终取得了优异的成绩。

孩子很高兴，对父亲说："虽然我不擅长跳绳，但是我可以帮爸爸把跳绳卷好，就像它新买回来时一样。"

"那么你想帮爸爸把跳绳卷好吗？"父亲笑着问。

"当然，这正是我想做的。"孩子也笑了起来，他接过跳绳，高兴地卷了起来。

"走自己的路，让别人说去吧。"这句话至今仍然是青年一代自主自立的口号。但是，现在一些做父母的总是对孩子唠叨说教、话语霸权、评头论足，这些行为在一定程度上成为孩子成功路上的阻碍。有些父母为了让孩子少走弯路，就常常对孩子的意见评头论足，并且不让孩子自己做主，不管做什么事，这些父母都要让孩子按照自己的决定来做。渐渐地，孩子就变得遇事犹犹豫豫，没有主见，根本走不了"自己的路"了。

生活中这种事情常有发生，很多孩子常常因别人无意间的一句话、一个眼神、一个动作，就怀疑自己的决定，或者改变自己的看法和行动，直接按照别人的意见行事。父母作为孩子最亲近的人，对孩子的影响力可想而知，所以如何尊重孩子的想法和决定，正确引导孩子的个性发展，让孩子走属于自己的路是值得父母们深思的。

想要让孩子走自己的路，父母就要多鼓励和支持孩子，让孩子坚持自己的想法，让孩子成为一个有主见、有个性的人。在日常生活中，父母要多尊重孩子的想法和决定，引导孩子走自己的路。父母应尽量避免凡事以自己的想法左右孩子，剥夺孩子表达和做决定的机会。

父母要告诉孩子，每个人的生命都是有限的，我们不要总是活在别人的眼里，一定要知道自己到底想要什么、想做什么，坚持本心才不会被世俗左右。而且，做自己想做的事情才能够真正实现自己的价值，才能体会到成功的喜悦。

有时候，走自己的路时，路上少不了别人的评头论足。这时候，父母应该告诉孩子：无论你怎么做，都不可能赢得所有人的支持。当你确认了一条路是正确的，而且你认为你的决定是正确的，那么就不要在乎别人的评价，特别是一些恶意的嘲讽和诽谤，尽管坚定地走下去就是了。父母要让孩子不要太在意别人的看法。当然，这对孩子来说并不代表就不听取别人的意见，父母要鼓励孩子有自己的想法，走自己的路，但是，也要让孩子多听听他人的意见。如果发现前面是沼泽地的时候千万不要再往前走，而是要另外开辟一条比较安全的路前进。

另外，走自己的路，必须要让孩子正视自己的缺点，还要有坚持不懈的恒心与顽强的毅力。父母不妨让孩子在日常生活中发现自己的不足，并且学会向身边的人借力，再凭着自己顽强的毅力与拼搏精神来获得成功。

父母要支持孩子的决定，哪怕是比较幼稚的想法，父母也要先给予肯定，再帮助孩子一起完善它，不要一开始就否定孩子的想法。这样的话，孩子更不可能相信自己能有所成就了。

要知道，一个只在乎自己缺点的孩子，是无法获得成功的。父母要让孩子学会正视自己的缺点，让孩子不要因为自己有缺陷而陷入自卑情绪中，要学会开解自己，决定了前进的道路就要努力向前，不要害怕失败。

不完美的孩子更真实

琳达原来只是一个电车车长的女儿，她自幼酷爱唱歌和表演，她想成为明星。

但是她长得并不好看，而且她的嘴很大，还有龅牙，每一次公开演出的时候，她一直想把上嘴唇拉下来盖住她的牙齿。她想要表演得"很美"，却常让自己大出洋相。

对此，琳达十分苦恼和自卑，认为自己肯定成不了明星了。

但是，听琳达唱歌的一个人却认为她很有天分。

"我跟你说，"他很直率地说，"我一直在看你的演出，我知道你想掩藏的是什么，你觉得你的牙齿长得很难看。"

琳达当时一下子觉得无地自容，可是那个人继续说道："难道说长了龅牙就罪大恶极吗？不要想去遮掩，张开你的嘴，观众不会在乎你的缺陷，他们会喜欢你的。"

他很犀利地说："那些你想遮起来的缺陷，说不定还会带给你好运呢。"

琳达接受了这位男士的忠告，不再去注意牙齿。从那时起，她只想到她的观众，她张大了嘴巴，热情而高兴地表演着，使她成为电影界和广播界的一流明星。

在这个世界上，任何人都不可能做到百分百完美，每个人都有自己的优点和缺点，但是有些父母明知道这个道理，在教育孩子的时候却看不到孩子的优点，总是揪着孩子的缺点不放。其实，很多时候，只要父母肯换个角度来观察，就会发现也许你的孩子虽然成绩不好，但是非常善良；你的孩子交际能力不好，但善于观察；你的孩子可能比较内向，但思维能力却十分强大等。因此，父母要学会接纳不完美的孩子，要相信自己的孩子即使不完美，也能有所作为。

我们都知道《米洛斯的维纳斯》这件艺术作品，其实这尊雕塑原先并不是断臂的，而且它的手臂修长、美丽，但是后来不小心撞毁了雕塑的手臂，于是就有了我们常说的"断臂维纳斯"。但是人们后来发现断了臂的维纳斯似乎更加美丽了，这才有了"原来残缺也是一种美"的感慨。父母在抱怨自己的孩子不够优秀的时候，应该好好思考一下这句话的含义，不要让自己的孩子因为父母而感到自卑，变得自暴自弃。

其实，每个人都有积极向上的学习本能，不管是天才还是笨鸟，他们的差异在很大程度上都是心理上的差异。优秀者因为知道自己的优势在哪，所以表现得比较自信、乐观、积极向上，而笨鸟不仅自己不能接受自己的缺点，还不被他人认同，久而久之，笨鸟就会变得自卑、消极、不思进取。所以，父母的接纳和认同对孩子来说至关重要。父母只有坦然地面对孩子的缺点，正确引导孩子，才能够帮助孩子进步。

如果父母不能够坦然接受孩子的缺陷，不但会给自己增加烦恼，也会无形中给孩子制造巨大的压力，这不利于孩子的健康成长。因此，父母不能只要求孩子发掘自己的优点，接受自己的缺点，父母自己也要正确看待孩子的缺点，坦然接受孩子的缺点，并帮助孩健康快乐地成长。

【哈佛教子锦囊】

世界上没有完美的人和事，只有努力去将事情做得完美的人。父母要接纳孩子的缺点，不要因为孩子身上有不完美的地方就觉得孩子会没出息。要相信孩子也在努力拼搏，因为努力奋斗的人才是最真实的。

父母要坦然面对孩子的不完美，并教导孩子努力学习，不要给孩子过大的生活或学习压力，要让孩子以平常心面对生活与学习给予的挑战。

第八章

教给孩子最有效的
时间管理术

为孩子的人生做个计划

阿诺德·施瓦辛格出生于一个只有1200人的小镇中，他从小就立志要成为一名政界要员，虽然他知道想成为政界要员自己至少还需要奋斗40年，而40年的时间足够让他成熟了。

为了实现目标，施瓦辛格制订了一个人生计划，他的计划是先强大自己的身体，然后强大自己的内心和财力，最后再向政界进军，逐步实现自己的愿望。

他非常羡慕运动员们挺拔而健壮的身材，于是，他计划让自己成为一名运动员。一次偶然的机会，他在学校外的小湖边碰到了体操运动联合会的主席库尔，他非常激动地对库尔说："先生，我想成为一名强壮的运动员。"

库尔看了看他瘦弱的身材，说："你有什么运动强项吗？"

施瓦辛格摇摇头说："没有。"

库尔笑道："年轻人，做个健美运动员怎么样？"

施瓦辛格问："能让我变得强壮吗？"

库尔笑道："当然可以。"

于是，施瓦辛格走上了健美的道路。

在做健美运动员的日子里，施瓦辛格对自己的健美之路也有很好的规划，他从一开始就安排好自己每天的锻炼时长、每年的锻炼成果以及最终要取得的成绩，而且每一步他都走得很顺利，从第一次健美比赛的第六名到获得"欧洲先生"和"环球先生"的称号，施瓦辛格取得的健美成就无一不在他的计划范围内。

自从施瓦辛格的大名打响后，他就退出了健美界，转战影视圈，他想通过影视作品为自己创造更多的财富，赢得更多人的喜爱和支持，而且他也做到了，他塑造的硬汉形象吸引了很多影迷。

拥有一定的财富和人气后，施瓦辛格毅然决定进军政界，几番努力之后，他终于在2003年成功担任了加利福尼亚州的州长，而且他政绩卓著，受到加州人民的爱戴。

我们每个人都应给自己的人生做一个计划，不用特别详细，但要有一个大概的发展方向。但这个要求很多成人都没能达到，更别提孩子了。所以，父母想让自己的孩子获得成功，就要帮助孩子，和孩子共同做一个人生计划。父母要告诉孩子，计划是指引孩子前进的方向标。

另外，在帮助孩子制订人生计划的时候，父母要先了解孩子需要的是什么，想成为什么样的人，这就需要父母对孩子有充分的理解和了解。在父母不足够了解孩子的时候，父母应该怎么做呢？这时候，父母可以先结合孩子自身的情况为孩子制订一份人生计划，再让孩子自己列一份人生计划，然后把两份计划放在一起，这时父母和孩子一起对两份计划进行对比和讨论。当父母和孩子的意见达成统一后，就可以确定最终的人生计划，并让孩子去实施了。

有些父母可能会感到疑惑，为什么要弄两份计划，而不是直接让孩子按照父母所说的去做呢？其实，被父母强迫执行的计划和有自己参与并最终敲定的计划在孩子的心目中从根本上就不同。有孩子自己参与的那份计划会更吸引孩子的目光，也更能激发他的积极主动性。当计划制订好以后，父母在监督的同时，还要帮助孩子根据不同的情况及时地对计划进行细微的调整，让计划对孩子来说变得更加合理，也更容易实现。

可能有的父母会疑惑，为什么要在执行计划的过程中更改计划呢？这是因为孩子在执行计划的过程中不可能一切都按照原来的计划走，这中间可能会出现各种各样的意外情况，所以我们要对计划进行适度地调整，以此来面对这些意外。而且，有的时候为孩子制订的计划并不适合孩子自身条件的发展，这不仅不会让孩子获得成功，可能还会影响孩子的未来发展。为了不让孩子走上歪路，父母就要帮助孩子抛弃一些不合理的计划，找准正确的发展方向重新制订计划。所以，计划要根据具体情况进行删改，一定要使计划有利于孩子自身的发展，这并不是放弃，而是有智慧地选择。

【哈佛教子锦囊】

　　时间对每个人来说都是重要的，也是转瞬即逝的。虽然现在孩子还小，但时间却不等人，父母要趁着孩子还小的时候，就帮他制订一个人生计划，引导孩子确定人生的前进道路。

　　如果孩子不能准确地描述出他的人生目标，父母也不要着急，更不要因一时着急而擅自为孩子做决定，要让孩子自己决定自己的人生道路如何走。

让孩子利用好"每天10分钟"

　　有一个小男孩叫史蒂芬，他每天都要坚持连续练两个小时的钢琴。

　　老师告诉他不能这样练，因为在他长大之后不会有这么多的时间来练琴，并且老师建议他要利用好空闲时间，把练琴的时间分散开，即使每次只有10分钟也可以。

　　史蒂芬按照老师说的做了，这样一来，史蒂芬每天除了练琴，他还有很多时间可以用来画画、写诗、和小伙伴溜旱冰等，这些事情 不仅没有影响他练琴，还使他更加珍惜练琴的每一分钟。

　　史蒂芬长大后成了钢琴家。有人问到他的成功秘诀，他回答说："我只不过是把所有的爱好分解到了每天不同的时间中，即使只有10分钟，我也会用心来弹一首曲子。"

　　和史蒂芬一样，有一位女士也弹得一手好钢琴，优美的旋律从她的指尖流出，听到的人都会为之陶醉。有人问她需要多久才能够熟练地演奏这首曲子，她微笑着说："每天10分钟"。

　　原来，这位女士在三年前还对钢琴一无所知，直到有一家私企向学校捐赠了钢琴。她每天利用课间的10分钟练琴，从最简单的指法到一首首曲子。三年之后，她已经能够熟练弹奏十几首名曲了。

　　俗话说："寸金难买寸光阴。"时间对于我们每个人来说都是宝贵的，虽然每一分、每一秒听起来是很短暂的，但积少成多，许许多多个一分钟累加起来也是十分庞大的数字。这些时间里，我们能做出许许多多的事情。但是，现在的孩子虽然经常听到这句话，却对此并不重视，没有时间观念，珍惜时间的意识比较薄弱。对此，大部分父母也不重视，觉得孩子现在还小，等大了自然就会珍惜时间的。事实却并非如此，在如今快节奏的生活中，只有珍惜时间、会管理时间的人，才能真正懂得时间的价值，利用一点一滴的时间达到自己的目的，从而获得成功。相反，浪费时间的人则很难有所作为。而一个人珍惜时间的习惯应该是从小培养的，如果小的时候不珍惜时间，长大了更不会去珍惜时间。所以，父母一定要重视培养孩子的时间观念，让孩子学会珍惜时间，并为自己做一个合理的规划。

为什么要做规划呢？因为再会珍惜时间的人，也不可能做到分分秒秒都集中精神做事。但是，如果孩子能够把每天的时间规划好，该集中精神做事的时间便集中精神，该放松精神休息的时候就休息，那么孩子也一样能够做好每一件事情的。而这个需要集中精神的时间可以是一分钟，也可以是10分钟，不用太长。

那么，父母应如何让孩子合理利用这10分钟的时间呢？这就需要父母在平时多管教孩子，让他知道时间的宝贵，逐渐形成时间观念，教他学会合理利用时间，认真、有效率地做好每一件事。比如，父母可以让孩子在规定的时间内完成特定的事情，让他知道浪费时间是不对的。在日常生活中，有些孩子的自控能力差，经常会被电视、游戏等事情所诱惑。这样一来，孩子就无法完成原定的事情，而把时间白白浪费掉了。当父母发现孩子不能合理安排自己的时间时，可以给他一个时间限制，让他必须在规定的时间内做完某件事。而且，每次给孩子限制的时间要根据具体情况来决定其长短，一般情况下，以10~30分钟为宜，这样做不仅能提高孩子的时间观念，还能让孩子产生一定的紧迫感，使孩子慢慢变得不再浪费时间，并学会合理地安排自己的时间。

【哈佛教子锦囊】

父母要让孩子了解时间对于我们每个人来说都是宝贵的，要让孩子珍惜每一分、每一秒，要培养孩子的时间观念。父母可以要求孩子每天用一定的时间来学习或做某件事，监督孩子坚持每天这样做，一段时间后，再和孩子一起看一看学习的结果，用事实说话，让孩子了解时间的重要性。

引导孩子有计划地做事

英格兰西部的格洛斯特郡有一位十七岁的男孩叫尼克，他是格洛斯特郡一名普通的中学生，同时他也是一家新闻网站的创办人。

在创办这个新闻网站之前，尼克在浏览新闻的时候，发现网上没有专门提供给青少年阅读的新闻网站。由此他想到，也许很多人都无法找他们感兴趣的、想要了解的新闻。于是，办一家由青少年自己撰写新闻的网站的想法诞生了。

为了做成这件事，尼克做了很多份计划，因为尼克认为想要一下子达成创办网络新闻网站的想法是不太现实的，他必须要为达成这个目标而做一系列的准备与计划，并有计划地做事情才能最终达成目标。就这样，尼克为这个目标列举了许多个计划步骤，每完成一个计划步骤，他就会制订一个新的计划步骤，并按照计划做事。最终，尼克成功创办了网络新闻网站，并将之注册成一家正式的公司，还拥有23名在世界各地收集新闻的专业记者。

当孩子在日常生活中有什么新奇的想法和发现时，父母应积极给予孩子解答，如果孩子的想法比较现实，父母还可以帮助孩子做个计划，让孩子通过计划，合理地安排时间来实现孩子的想法。父母要让孩子把人生当作一次寻宝的历程，那么目标就是孩子要找到的宝藏，而为达到目标而做的计划就是孩子手中的图纸和指南针，父母要告诉孩子：一个没有图纸和指南针的人是无法准确地找到宝藏的位置的。由此来告诉孩子计划的重要性，告诉孩子，做任何事都要有计划，没有计划，做事就可能会丢三落四，因此无法顺利地完成任务。

日常生活中，父母也要教孩子做出合理的计划，并告诉孩子合理的计划能够充实他们的生活，并激励孩子不断地进步。父母要让孩子知道如果一个人的生活没有任何计划，那么他的生活就会变得太过随意，他也很容易放松对自己的要求，慢慢地他就会变得懒惰、懈怠，一个懒惰而懈怠的人是无法实现任何人生目标的。

【哈佛教子锦囊】

父母要让孩子在做事的时候先列计划表，这样有助于孩子在最短的时间内做最多的事情。也能让孩子提前了解在做事的过程中可能会遇到的问题，提前想出应对对策。

父母要让孩子知道计划的重要性，计划不仅可以节省时间，还能提前解决很多问题，让孩子在做事的时候更轻松，更容易。

培养孩子的时间观念

东汉时期的学者陈太丘是个很有时间观念的人。

有一次，他和一个朋友约好中午见面。可是，过了中午朋友却没有出现。陈太丘当天刚好有急事，他在门口等了好半天，出门的马车都已经备好了，可是朋友却连个人影儿都没露。他实在等不下去了，就对正在门口玩耍的儿子元方说："等会儿有人来找我，你就告诉他，我有急事出去了。"

元方答应道："知道了，您去吧。"

陈太丘走后没过久，一辆马车就飞快地来到他们家门前。

车主下了马车，问元方："你的父亲呢？"

元方答道："他有急事出去了。"

朋友听了非常生气，大声骂道："这个人真是的，明明和我约好的，怎么自己走了？太不像话了！"

虽然很气愤，但是陈太丘已经出了门，他只好打道回府。上车的时候他还骂骂咧咧的，"我大老远赶来，他却办自己的事去了，真不是个人！"

元方起初还没有太生气，当听到这个朋友骂他的父亲"真不是个人"时，他放下手里的玩具，站起来指着这个人说："你明明和我父亲约好中午见面的，过了中午你还不来，这是不遵守时间。你有错在先，不说给我父亲赔不是，还当着我的面骂他，你简直是不懂礼数，真不知道我父亲怎么交了你这么一个朋友！"

这个人听后非常惭愧，赶忙下车来给元方赔礼，可是元方却不理会他，进家后迅速关上了大门，这个人还没来得及说话就被关在了门外。他叹了口气说："一个小孩子都比我明事理，真是惭愧啊！"

于是他就一直等在门外，希望能够亲自向陈太丘道歉。

傍晚的时候，陈太丘回来了，他看见朋友的马车停在门口，而朋友也在门外站着，就问："你是刚来的吗？"

朋友连忙赔礼道："我来了好一会儿了，真是不好意思，中午的时候我违约了，特意在此等你，向你道歉。"

陈太丘笑道："我应该多等一会儿的，只是刚好有急事，真是对不住啊！"于是陈太丘急忙把朋友带回家里，热情款待。

如今的生活节奏很快，越来越多的人开始意识到时间的宝贵，但是还是有很多人不遵守时间，没有时间观念。尤其是对于有些孩子来说，他们的时间观念更差，经常和人约好之后，拖拖拉拉，迟到后还为自己找借口，认为自己只是晚了几分钟，并不是多大的错。而且，很多时候，孩子总是模仿父母，以"忙"或者各种原因来为自己的迟到找借口，但是，无论理由有多充分，迟到都是非常不礼貌的事情。

因此，父母一定要注重培养孩子的时间观念，让孩子遵守约定的时间，不要因为迟到而给对方留下坏印象。

如果孩子的时间观念过弱，父母除了讲道理，还应该怎么办呢？

其实，想要培养孩子的时间观念，父母还应花一点小心思。比如，给孩子准备一个日程表，让孩子把每天的计划以及和朋友约定的时间、事情记在日程表上，让孩子时刻提醒自己要注意翻看日程表，不要迟到或错过重要的事情。

另外，父母也可以在孩子做事的过程中，提醒孩子时间快到了，让孩子提高做事效率。等到孩子逐渐有时间观念后，再放手让孩子自己掌控和安排时间，以此来激励孩子做个遵守约定时间的人。

父母要从小培养孩子的时间观念，让孩子对时间有充分的理解，并教导孩子做一个珍惜时间、爱惜时间的人。

父母还要让孩子遵守约定的时间，答应的事情一定要在规定时间内完成，和他人约定好出去玩时，也要遵守约定时间，不能迟到。

告诉孩子"今日事，今日毕"

有一位企业家，他平时非常忙，不仅要处理公司的事情，还要会客、进行商务洽谈等，每天的日程都安排得很满。

虽然事情很多，但是无论出席什么场合他都不会迟到，他每天都会把日程上的事情做完。

原来，他的秘书每天早上都会向他提前汇报这一天的日程安排，让他能有时间做好充分的计划，哪个时间该做什么事情，哪个时间可以加快处理速度，哪个时间应该休息，他都会详细地列出来。

秘书觉得他每天这样做计划太累，于是建议他做完一件事后再决定下一件事做什么，这样慢慢做计划，既做好了计划，也有休息的时间。

这个企业家却不同意这样做，他说："我只有把一天的行程全安排好，才能规划好一天的时间，在一天工作时间结束以前把今天要处理的事情全都做完。如果我没有做好计划，今天的事情就有可能因为各种意外而做不完，只得拖到明天去做。但是明天还有明天要做的事情，我把今天的事情推到明天，明天的事情就会做不完，就不得不占用后天的时间。这样一天拖一天，我总有做不完的事情，哪里还会有休息的时间呢？"秘书听后，羞愧地低下了头。

俗话说"今日事，今日毕"，我们每天都有必须要完成的事情，如果不把今天的事情完成而推到明天的话，明天就会过得很辛苦，还会影响我们明天做事的心情和效率，让工作和学习越积越多。所以，父母要培养孩子"今日事，今日毕"的做事习惯，让孩子合理安排每天的时间，劳逸结合，不浪费每一分每一秒。

父母要让孩子知道，一个人想要成功，就应该养成"今日事，今日毕"的习惯，只有这样才能更好地把握自己的人生，让自己的生活和学习更有规律、更上一层楼。

父母要让孩子知道"今日事，今日毕"的重要性，在讲道理的时候，父母可以借鉴古今中外的名人和伟人的故事，让孩子通过有趣的故事了解时间和计划的重要性，学会合理地安排时间，主动为自己的每一天做一个规划。明天还有更多的事情在等待着我们，如果不把今天的事情做完，事情就会累积到明天去，那我们在明天不仅要做明天的事情，还要补今天的事情，时间就更不够用了。所以，父母要教孩子今天的事情一定要今天完成，因为明天还有明天的事情在等着他去做。

为了教导孩子"今日事，今日毕"的道理，父母可以帮孩子做一面"时间墙"，让孩子把这六个字写在一张纸上，把纸贴在孩子的卧室墙上，教育孩子时刻谨记不要把今天的事情推到明天去做，否则这样日积月累的，你欠的"债"就会越来越多，到头来什么事也做不完。

【哈佛教子锦囊】

父母要告诉孩子，今天的事情必须今天做完，因为明天还有其他的事情在等着他去做。如果今天不做完，而是把事情推到明天，那么明天的时间就会变得紧迫，孩子可能要把玩耍的时间用来做事，这样他就没有玩耍的时间了。

父母要教会孩子合理安排时间，不要虚度每一分每一秒，否则只会让时间越来越少，积累的事情越来越多。

第九章

正确引导，
帮助孩子快乐学习

让孩子明白知识就是力量

门捷列夫诞生于西伯利亚的托博尔斯克，毕业于彼得堡师范学院，并到德国深造。

1861年门捷列夫学成归国，回彼得堡从事科学著述工作。在编写无机化学讲义时，门捷列夫发现这门学科的俄语教材都已陈旧，外文教科书也无法适应当地的教学要求，因而他有了想编写一本新的、能够反映当代化学发展水平的无机化学教科书。在以后的日子里，他一点一点试着编写新的讲义。

编写工作进行得很顺利，但当他编写到有关化学元素及其化合物性质的章节时，他不知道应该按照什么次序来排列那些化学元素。为了寻找到元素的科学分类方法，他不得不研究有关元素之间的内在联系。

门捷列夫把这些元素制成卡片，日复一日地钻研。终于，有一天，他发现这样一条规律：元素（以及由它所形成的单质和化合物）的性质随着相对原子质量的递增而呈周期性的变化，即元素周期律。门捷列夫激动不已，他根据元素周期编制了第一个元素周期表，把已经发现的63种元素全部列入其中，从而初步完成了使元素系统化的任务。

英国著名的哲学家弗兰西斯·培根曾说"知识就是力量"，他用最简单的语句告诉人们知识的重要性。这句话一直到今天，都是父母长辈教育孩子时常用的。但很多时候，孩子虽然立志要做一个有所作为的人才，却不重视知识，不清楚知识的力量到底有多大。

因此，作为有丰富学习经验和社会实践经验的父母，就应该尽早告诉孩子知识的重要性，努力让孩子重视对科学文化知识的学习，并在其学习文化知识的同时，注意培养其对学习的热情度，让孩子知道知识对于每个人来说，都是最重要的财富。

父母要让孩子知道知识是一种力量，是一笔无人可以掠夺的财富，是一种难以衡量的精神食粮。父母要让孩子明白无论何时何地，知识都是最重要的。尤其是在竞争激烈的当今社会，无论孩子抱以什么样的理想和志愿，他都必须努力学习，以此获取丰富的知识储量，这样他才能在未来的生活中寻找到真正属于自己的财富和地位。

当然，父母在教育孩子了解知识的重要性时，也不能一味地使用批评教育，这样只会引起孩子的逆反心理，让孩子变得更加厌恶学习。父母可以借助经典励志故事、名人成长故事等向孩子说明知识的作用，还可以用知识竞赛激发孩子的求知欲，让孩子在竞赛中了解强大的知识力量给自己带来的成功的喜悦和自豪，以此来激发孩子的学习欲望，让孩子在游戏中了解知识的重要性。

用这样的知识竞赛的方法激发孩子的求胜心，再借助适当的物质奖励，让孩子对学习产生兴趣，并了解到知识的强大和重要。慢慢地，孩子就会重视文化知识，爱上学习了。

【哈佛教子锦囊】

父母要让孩子知道，知识就是力量，只有努力学习，增加自身科学文化知识的储备量，自己才有可能变得强大，获得想要的生活。

父母要让孩子重视文化知识，不能只一味要求孩子去学习，要让孩子在学习中感觉到快乐和乐趣，要让孩子喜欢上学习这件事。

如果孩子不爱学习，父母可以用孩子感兴趣的事情来引导孩子，运用一些科学比赛、知识竞赛的方式让孩子产生求胜心理，让孩子在求胜心的激励下开始学习，这也是一个好的方法。只要肯学，孩子就一定会学到心里去的，也会逐渐明白文化知识的重要性。

引导孩子克服学习倦怠心理

本杰明·卡斯坦特从小就能吟诵诗歌，而且有过目不忘的能力，被称为法国历史上最具天赋的人之一。在本杰明·卡斯坦特十几岁的时候，他就以绝世的才华而名震法国文坛。但这样的天才人物却一生也没能完成自己的伟大志愿，这是怎么回事呢？

原来，本杰明·卡斯坦特一直立志要写出一部万古流芳的巨著，但他到了20岁以后，由于他的倦怠心理，他开始对任何事情都不感兴趣，连书也不愿意读了。本杰明·卡斯坦特觉得那些书里写的东西他早就读懂了，根本不值得他再细心读一遍。虽然他也经常为自己昔日的理想而热血沸腾，但当他真正开始实施时，又觉得完成文学巨著需要花费的时间太长，而他实在没有那种耐性和精力，于是就将理想搁置了。

就这样，本杰明·卡斯坦特的人生一天天虚度了过去，当他意识到自己面临的尴尬处境时，他高呼："我就像地上的影子，转瞬即逝，只有痛苦和空虚与我为伴。"

看来，他到最后也没能明白，他的生活为何会变得如此凄惨。

有位名人曾说过："天才是99%的汗水加1%的天分。"虽然这1%的天分很重要，但我们都应让孩子充满精神，精力充沛地去面对任何事情，不要让孩子害怕付出和流汗，更不能让孩子对要做的事情产生倦怠心理。尤其是面对学习的时候，很多孩子都会产生一定的倦怠心理，他们不想学习，不想听课，甚至连上学、写作业都会使他们觉得这是一件麻烦的事情。

这个时候，父母应该怎么做，才能缓解孩子的倦怠心理呢？

父母首先应该让孩子明白学习是没有捷径的，当孩子不想学习、不愿学习的时候，父母可以让孩子把"勤奋学习""勤能补拙"等鼓励语写在课本的扉页上，告诉孩子这既是父母对孩子的教导，也是孩子对自己的鼓励和监督。让孩子每天在学习累了的时候翻开课本看看这几个字，让孩子放弃偷懒的念头，并让孩子能静下心来认真、刻苦地学习。俗话说"天道酬勤"，父母要让孩子知道，如果孩子想要变成一个成绩出色的人，那就要勤奋刻苦，多付出才会有收获。不管孩子能不能有所成就，只要他肯努力，总会有所收获的。

父母可以借助古今中外的名人的勤奋学习的故事来鼓励和教导孩子，让孩子正视对学习的态度，不再产生倦怠心理。父母要做的，就是通过名人的故事告诉孩子，机遇总是会留给有准备的人，成功也只会照顾那些勤奋好学的人。父母要让孩子明白，不能只远远地瞻仰名人的风采，还要在欣赏他们耀眼光芒的同时多关注他们在平时的付出和努力，并向他们学习，多付出、多努力，经常提醒自己不要偷懒。尤其是当孩子产生懈怠情绪，不愿意学习的时候，父母要教导孩子自我调解的方法，让孩子在适当放松的同时，学习他人勤奋钻研的精神，等孩子心情平复后再继续学习。

【哈佛教子锦囊】

日常生活中，父母不要给孩子太多的学习压力，否则会使孩子的精神疲劳，使孩子学习起来很容易感到体力不支，进而不愿意去学习，逐渐对学习产生倦怠感。

当孩子对学习感到力不从心时，父母要教育孩子学会自我调解，不要逼迫孩子不停地学习，要让孩子在感到疲劳的时候得到适当的休息，劳逸结合，这样才能让孩子的倦怠心理得到舒缓，孩子休息之后才能迅速进入学习状态。

在学习中锻炼孩子的观察力

糖尿病的发现就是在一场不经意的观察中产生的。

一位医生走在一条大街上，突然看到一只狗在一棵树的树根上撒了一泡尿。这本来是很平常的一件事，可是这位医生却发现了不同之处。狗撒完尿离开后，一群苍蝇便飞了过来，围着狗的尿飞来飞去。

这位医生突然产生了疑惑，他想：苍蝇为什么会对狗尿这么感兴趣呢？难道狗尿中有什么特别的成分？

于是，这位医生就采集了狗尿的样本进行研究，结果发现在狗尿中含有大量的糖分。

这位研究狗尿的医生就是当时很有名气的冯梅林，他是德国大学的一名教授。

冯梅林在发现狗尿的奇特之处时，他正好在和病理学家闵可夫斯基一起研究胰腺在消化过程中的功能，狗尿引来苍蝇的怪事给了他很大启发。

冯梅林把那条狗捉回来进行了一番检查后发现那条狗的胰腺有问题了，失去了它应有的功能。为了弄清问题所在，他一狠心，又捉来了一只健康的狗，切除了这只狗的胰腺，一段时间后，他发现这条狗的尿同样也会引来苍蝇了。

原来，失去胰腺的这只狗的尿中也含有大量糖分。

这说明了什么呢？

冯梅林想要继续研究下去，可是他的生活逐渐变得窘迫，身体也越来越虚弱，这让他不得不停止了研究。

直到几十年后，加拿大多伦多大学医院讲师班廷对这个问题再次进行了苦心研究。班廷一直在进行糖尿病方面的研究，而在当时，糖尿病一直被视为绝症，被人们所惧怕。班廷从被摘除胰腺的狗撒的尿中得出糖尿病一定与胰腺有着密切联系。

研究过程中，班廷发现在健康人的胰腺上，分布着很多像岛一样的小暗点，而患糖尿病病人的胰腺上，小暗点的数量只是健康人的一半。

如果增加这些小暗点的数量，糖尿病是不是就会被治愈呢？班廷很快做出一个大胆的设想。通过一段时间的研究，班廷终于找到了在胰腺不受破坏的情况下提取小暗点的方法。

一件很平常的事情，不同的人看到会产生不同的想法，有些人对此一晃而过，有些人却发现了事情的不同之处，最终得出了令人惊奇的研究结果。这就是观察力的神奇作用。一个善于观察的孩子，他的智力和思维能力会变得非常强。因此，父母应该了解，观察力对孩子智力的发展起到非常重要的作用，想要开发孩子的智力首先要开发他的观察力。

很多时候，不仅孩子不重视观察力的培养，父母也觉得孩子的观察力的培养并不是那么重要的。那么，观察力到底有多重要呢？如果不善于观察，著名的发明家瓦特就不会发明蒸汽机，物理学家牛顿更不会在物理界取得如此辉煌的成就。可见，离开了观察，一切科学研究、发明创造，或许都只是一场空谈。

所以，父母要重视孩子观察力的培养，要让孩子在日常生活中多听、多看、多想、多问，不能看过就忘。

在刚开始培养孩子观察力的时候，父母可以让孩子先观察一些他们感兴趣的事物。比如，他喜欢的动物是怎么进食的；他喜欢的足球和篮球之间都有什么区别等。用孩子感兴趣的东西来慢慢培养孩子的观察力，当孩子对观察感到有兴趣、好奇的时候，他自然而然就会把目光转移到周围的其他事物上。

对于孩子通过观察所提出来的疑问，父母要及时给予积极的应答，对一些孩子还不能完全理解的问题，父母要用孩子能听懂的话简单进行解答。而对于适合孩子年龄段的浅显知识，父母不要直接给出答案，要引导孩子在观察中学会思考，通过自己的进一步观察获得答案。这样一来，孩子不仅体会了观察的乐趣，还会在观察中得到满足感和自豪感。

父母还可以在孩子观察事物之前，给孩子准备一个观察日记，在日记的扉页可以写上观察的方法和注意事项，让孩子逐渐积累经验知识，学会如何观察，如何记录。比如，孩子观察一盆花草的时候，父母可以引导孩子从不同的角度去观察，让孩子学会观察其特征，进行比较，比如颜色、大小、数量等。面对不同的事物父母要教孩子不同的观察方法，让孩子从中学会分析、归类。

【哈佛教子锦囊】

观察力对孩子的学习十分有用，父母想要培养孩子的观察力，就要让孩子在日常生活中多看多听多动多闻多问，全面观察和了解我们的世界。对于孩子观察中产生的疑问和问题，父母要给予明确的答案。

孩子刚开始写观察日记时可能会有很多不懂的地方，会遇到很多问题，为了避免这些难题打击到孩子的观察积极性，父母可以陪孩子一起进行观察，等孩子熟练掌握观察方法之后，父母再逐渐撒手。

指导孩子提高学习效率

两位友人一起搭乘客轮出游，在波澜壮阔的大河上，两个人一路欣赏着美景，不时感叹着自然的神奇。

两个人聊着聊着，客轮的船长出现在他们的视野中，其中一个人连忙喊住了这位船长，恭敬地说道："伟大的船长，你好。听说你的驾驶技术一流，只要是由您驾驶的船只，从来没有出过错，是吗？"

船长微微笑道："我只是尽我所能，保证大家的安全罢了。"

另一个人也不断地恭维着船长的驾驶技术，对船长说："船长先生，您在这里航行了这么久，经验这么丰富，我想您一定对河中每一处浅滩都摸得很清楚了吧！"

这位被他们恭维的船长已经在这条大河上航行了数十年，经验丰富，技术高超，但他对于两个人的问题，却给出了特别的回答。

船长微微笑道："为了要保证船上每位乘客的生命安全，我自然要对这条大河上的任何一处浅滩有了解。但在我学习和积累经验过程中，我认为花时间和精力将河中深水区了解清楚比冒着船只搁浅的危险来了解所有浅滩来得更有效率。"

两个人恍然大悟，更加佩服这位伟大的船长了。

如何让孩子提高自己的学习效率，这可能是每个父母都感到头疼的问题。面对孩子的学习，父母不停地"出招""解惑"，想尽一切方法想让孩子在有限的时间里，多学一点、再多学一点，可结果却往往令父母失望。明明父母已经给孩子创造了良好的学习环境，为什么孩子还是比其他孩子慢一拍呢？

其实，很多时候，这是孩子学习效率不高导致的。那么，父母应该如何引导孩子提高学习效率呢？在此之前，父母应该先找到孩子学习效率不高的原因。是孩子不用心，没有学习计划，孩子的学习情绪不佳，还是孩子的学习环境不好？知道了原因，父母就可以对症下药，帮助孩子提高学习效率了。

孩子学习不用心，其实和孩子的不良学习习惯有关。

良好的学习习惯是提高孩子学习效率的主要方法之一。父母应该让孩子在学习的过程中，学会多思考、多总结。比如，这道题为什么要这样做？除了我现在用的这种方法，还有没有其他的方法可以解答？这些方法中，哪种方法是最省时间又最好的方法呢？通过这些发散性思维的训练，能帮助孩子养成良好的学习习惯，孩子的学习效率自然也会提高上去。

除此以外，父母还要教导孩子在上课的时候认真听讲，让孩子学会集中精力，不要在上课的时候走神、开小差等。学习有时是枯燥无味的，想要在枯燥无味的学习中集中精神，对于毅力不足的孩子来说是有一定难度的。所以，父母可以让孩子从自己喜欢的课程开始，学会集中精神听讲，当孩子这门课程的成绩有进步时，就会对这门课程更加感兴趣，慢慢地孩子就会改善上课走神的坏习惯的。

父母还可以让孩子多和同学、小伙伴一起学习。一个人学习可能太枯燥，但伙伴一多，遇到学习中的问题时孩子们可以互相讨论，这就会增加学习的乐趣，孩子还能汲取小伙伴的学习经验，加以利用，提高自己的学习效率。

【哈佛教子锦囊】

父母要从小培养孩子良好的学习习惯，让孩子学会课前预习、课后复习。放学回家后，要鼓励孩子在第一时间做完学校布置的作业，之后再进行其他的活动和游戏。

要提高孩子的学习效率就要先培养孩子的专注力，让孩子在做事的时候精神集中，父母要为孩子创造一个宁静愉悦的学习氛围，不要让孩子被周围的其他事物分散精力。

父母要多鼓励孩子，要相信自己的孩子能通过自己的努力提高学习效率，不要对孩子的能力产生怀疑。若连父母都不相信孩子有能力提高学习效率，孩子自然就不愿意努力学习了。

孩子学习要有毅力

1830年，雨果同一个出版商签订了一份书稿合同，根据合同内容，他需要在半年的时间里交出一部质量合格的作品。

于是，雨果开始了自己的创作，一天过去了，两天过去了，雨果发现，他总是静不下心来写作，这让他十分苦恼。

眼看着时间一天天过去，雨果变得越来越焦虑。这一天，雨果实在是写不出东西来，他打开了一本书，看到一个故事。

故事说的是在古雅典有一个名叫德摩斯梯尼的青年立志要成为一名出色的演说家，但是他患有严重的口吃，每当他开口说话时，就会遭到别人的讥笑。这样的人如何能成为演说家呢？雨果十分好奇，继续往下看。

为了提高自己的演说能力，故事中的德摩斯梯尼常常躲在一个阴暗的地下室练习口才。为了改进发音，他把小石子含在嘴里朗读，迎着大风和波涛讲话；他在家中装了一面大镜子，每天起早贪黑地对着镜子练习演说。他狠下心来，挥动剪刀把自己的头发剪成"阴阳头"，以便能安心躲起来练习演说。

故事读完后，雨果得到了启发，他效仿这位演说家的行为，把自己外出的衣物全部锁进了柜子里，然后把钥匙丢进了湖中。这样一来，雨果没有了外出要穿的衣服，他就没办法外出会友和游玩，只好待在房间里一心创作。

就这样，雨果除了吃饭与睡觉，从不离开书桌，终于在1831年创作出了闻名于世的文学巨著《巴黎圣母院》。

现在的社会生活中，有太多的诱惑，这些诱惑不仅吸引着成人，也吸引了孩子的目光。在这种大环境下，越来越多的孩子丢失了学习应有的毅力，忘记了持之以恒的重要性。俗话说："锲而舍之，朽木不折；锲而不舍，金石可镂。"可见，持之以恒的毅力多么的重要。而父母要做的，就是帮助孩子坚定自己好好学习的决心，靠自己的毅力，努力学习下去。

现在的孩子大多都是独生子女，父母的疼爱，爷爷奶奶的溺爱让孩子吃不得苦，经受不住任何挫折。这样的情况下，孩子在学习和生活中，经常做事任性而为，一遇到问题就半途而废，没有一点毅力可言。

很多孩子在学习方面一遇到难题或解不开的问题就选择逃避，而这个时候，大多数父母都会马上帮助孩子解决问题，让孩子逐渐产生了依赖感，失去了学习要持之以恒的决心。所以，想要让孩子变得有毅力，就要舍得让孩子吃苦。这里的吃苦并不是指降低孩子的物质生活水平，而是有一定的方法和技巧的。

首先，父母应该提高孩子的体力。父母应该多让孩子参加一些体育锻炼，不能只让孩子坐在书桌前死读书，这样的学习不仅没有效率，还会让孩子对学习产生厌恶心理。因此，父母应该鼓励孩子积极参加自己喜欢的体育活动，并长期坚持下去，以此培养孩子做事持之以恒的精神。在提高孩子身体素质的同时，培养孩子面对困难时的勇气和决心，以此来培养孩子的毅力，让孩子在学习时更有精力和信心。

另外，有些孩子学习时压力过大，这也让孩子逐渐失去了学习的毅力。因此，父母在孩子学习压力过大时，不要一味批评，只要孩子坚持了、努力了，偶尔失败一两次也无所谓。父母要让孩子明白，只要一直坚持下去，终有一天他会克服所有困难，取得成功的。

还有一些孩子其实很聪明，他们不仅学习新知识快，思维还比较活跃，很多知识他们一看就会，一学就懂。但是就是因为学习毫无压力，没有难度，这类孩子慢慢就会变得骄傲，也会失去学习的毅力，不再对学习感兴趣。

首先，父母应该让孩子知道这种"认为自己聪明，就可以不学习"的想法是错误的。还在读小学和初中的孩子所面对的课程相对比较简单，也许那种"不必很用功也能有好成绩"的现象会出现。可一旦进了高中，开始接触较难的课程时，孩子再有这样的想法，他的成绩肯定会逐渐下降。而这时候，孩子对学习的倦怠心理已经成为习惯，面对逐渐困难的课程内容，自然就缺乏毅力了。所以，父母要告诉孩子，再聪明，也应该学会谦虚，正因为他们足够聪明，学习才应该更有毅力，从而取得更好的成绩。

【哈佛教子锦囊】

日常生活中，父母要教导孩子遇到困难不要退缩，要教育孩子做一个有毅力的人。

父母在孩子学习的时候，可以适当给孩子一些学习压力，但不要让孩子觉得压力过大，否则就会打击孩子学习的积极性和动力，让孩子变得没有毅力。

在培养孩子学习的毅力的时候，父母可以先从锻炼孩子的体力开始，拥有强健的体魄后孩子才能在学习的时候拥有最佳的状态。父母在平时要让孩子多注意锻炼身体，孩子只有拥有了健康的身体，才能拥有学习的毅力，才能积极完成学习任务。

兴趣是孩子学习的动力

1847年2月11日，爱迪生出生于美国俄亥俄州的一个小镇，他一生都在搞研究发明，有约两千项发明创造是出自爱迪生之手。

就是这样的爱迪生，却在上学期间被老师斥为"低能儿"，还因此把他撵出了校门。但是，爱迪生对学习充满了兴趣，他坚决不放弃任何学习的机会。了解到他的决心后，他当过教师的母亲决定在家里教他读书，让他继续学习。

由于母亲良好的教育，爱迪生在学习各方面知识的同时，对读书更是产生了浓厚的兴趣。8岁他就开始读英国文艺复兴时期最重要的剧作家莎士比亚、狄更斯的著作和一些历史书籍。9岁时，他已经能读懂难度较大的书籍了。11岁开始，爱迪生为了购买一些化学药品，不得不开始工作，不过，只要有空他就会去图书馆看书学习。

1861年，刚满14周岁的爱迪生买了一架旧印刷机，开始出版自己主编的周刊《先驱报》。

这份小报受到热烈的欢迎，因此他挣到了足够做实验的钱，于是，他用挣到的钱在火车的一间休息室建成了一个化学实验室。但是，爱迪生在一次实验中引起了一场火灾，列车长在扑灭火焰后，狠狠地给了他一个耳光，把他的左耳打聋了。从此，爱迪生不能再在火车上进行化学实验了。但爱迪生并没有放弃自己的发明创造，他对发明创造有着浓厚的兴趣，这让他依旧认真地学习，刻苦地钻研，做好每一个实验，终于有所成就。

其实，想要让孩子爱上学习，得先提起孩子学习的兴趣，让孩子对学习有"兴致"。当父母发现孩子对学习没有兴趣时，应该想办法激发孩子的求知欲，让孩子对学习这件事产生好奇心，那么他离喜欢学习也就不远了。

那么，如何才能让孩子对学习感兴趣呢？

首先，当孩子遇到感兴趣的话题想和父母一起讨论时，父母应积极配合，和孩子共同"钻研"，不要嫌麻烦而敷衍孩子，这会打击孩子学习的积极性，让孩子失去学习的兴趣。父母要多和孩子讨论学习的好处，鼓励他多看各种类型的书籍。这样一来，孩子的学习积极性就会被调动出来，这能够大大提高孩子的学习兴趣和学习效率。

另外，父母还可以为孩子找个学习上的好榜样，教孩子多向身边的榜样学习。毕竟，适当的刺激有时候能起到意想不到的效果。当孩子发现他的身边有一个在某些方面比他强的同龄人出现时，这很容易就会激起孩子的不服输心理。这个时候，父母再在一旁进行一些良性的引导就会让孩子产生一定的求知欲望，从而进入学习的海洋中了。不过，如何良性的引导孩子，父母一定要把握好这个度，不能总在孩子面前夸奖他人。当孩子有了学习的冲劲后，开始用功学习时，父母一定不要吝啬自己的夸奖，适当地鼓励可以增强孩子学习的动力，能让孩子感觉"浑身是劲"。

另外，父母要让孩子明白，学习应该是他自己的事情。虽然爱玩是孩子的天性，但学习也应该是他的责任和义务，父母要让孩子摆正学习态度，这样才能让孩子真正把学习放在心上，不再因父母催促而学习了。

【哈佛教子锦囊】

学习的动力来源于兴趣，当孩子不爱学习时，那可能是他没有找到学习的兴趣点，或者父母没有正确引导孩子。在日常生活中，父母要多和孩子交流，了解孩子的兴趣爱好，根据孩子的兴趣点为孩子制订学习计划。

父母在和孩子共同探讨学习方面的知识时，要让孩子多说自己的学习体悟，不要让孩子处于被动的状态，否则只会让孩子对学习越来越没有兴趣的。

教孩子学会阅读

作家杰克·伦敦出生于一个破产的农民家庭，他从事创作之前，曾经是一名流浪汉。

有一天，杰克·伦敦又在街上游荡，他总是这么无所事事，并感到十分的空虚。想到凄苦的童年与现在潦倒的生活，杰克·伦敦更加难过起来。他想：难道这辈子自己就只能这样活下去了吗？

他边走边想，边想边觉得人生无趣，当他郁闷地抬起头时，发现自己竟然走到了一家公共图书馆里，他随手拿起一本《鲁宾孙漂流记》翻阅着，这一看却看入了迷，恨不得一口气把书读完。

第二天一早，他又跑到图书馆，接着看昨天的书。看完了《鲁宾孙漂流记》，杰克·伦敦就看别的书。看着、看着，他觉得眼前出现了一个新的天地，他读书的热情从此不可抑制，一天读十几个小时还不愿休息。他觉得从书中自己了解了人生的真谛，仿佛重获新生。

杰克·伦敦从小没读过什么书，认识的字也不多，为了得到更好的学习条件，他想办法进入了一所中学念书，仅用三个月的时间他就完成了四年的课程，顺利地通过了毕业考试。毕业后的他并没有满足，他再接再厉，通过自己的努力又考进了大学，继续他的学习生涯。

后来，当他立志从事文学创作时，他并没有马上开始写作，而是找来其他名人的著作，认真阅读、仔细研究，学习他们的写作手法。有了一定的了解后，他开始动笔，边读书边坚持每天写5000字稿子。虽然一开始，他的稿子被不停地退回来，但他一直坚持了下去，不停地写，不停地读，终于获得了成功。

事实上，所有人的学习生涯都是从阅读开始的。幼儿时期的一本小图画书，小朋友们看得津津有味；小学时的一篇童话故事，孩子们读得认真仔细；初中时的一篇文章，孩子们看得入迷。这些都是阅读，都是学习的过程。

可是，现在很多孩子却不会阅读，虽然他们在看书、在读书，可是他们只会死读书，不会从阅读中得到真正的知识，只会机械地按照父母或老师的"命令"去做。为什么要这样做，这样做要达到什么样的目的和结果，孩子很少会去思考。这样的孩子虽然看起来很让父母省心，但其实却是让人担心的。从来不会主动思考问题的孩子是没有创新意识的。

所以我们说，让孩子学会学习，要让孩子先学会阅读。那么，父母应该如何做，才能让孩子变得会阅读，敢创新呢？其实只要做到一点，就可以逐渐改变孩子了，那就是培养孩子的发散性思维。

父母要在孩子刚开始有阅读兴趣的时候，就让孩子多思考、多行动，逐渐培养孩子的发散性思维，让孩子学会在阅读中思考问题，慢慢养成良好的阅读习惯，这样才能让孩子逐渐学会思考和创新。

父母要鼓励孩子多问"为什么"，对于孩子提出的比较"刁钻"的问题，父母还要给予鼓励和褒奖，从而激发他的求知欲，让他更加喜欢阅读，喜欢在阅读中提出问题。

如果孩子不爱问"为什么"，父母也不要逼迫孩子，而是要根据孩子的喜好，例如用一些游戏的方式来引导孩子去发现问题，并鼓励孩子将自己的疑问说出来。父母在引导的过程中，要注重培养孩子的发散性思维、拓宽他的思路、提高他的想象能力，不要用标准答案、固定模式束缚孩子，这样只会起到反作用。

【哈佛教子锦囊】

想要提高孩子的学习能力，就要让孩子多看书、多读书。阅读是学习的有效方法，只有学会阅读，才能学会学习，从而把需要掌握的知识看在眼里，记在心里。

父母要鼓励孩子多读书，不仅仅是读学校的课本，课外读物更能提起孩子的阅读兴趣，也更能调动孩子学习的积极性。父母要多给孩子准备一些生动有趣知识面广的课外书，让孩子在阅读的同时，把知识学到手。

在孩子阅读的同时，父母要提一些问题，让孩子带着问题阅读，锻炼孩子的思维拓展能力。如果孩子阅读时精力比较集中，父母不要为了提问而打断孩子，等孩子阅读完之后再和孩子进行沟通。

第十章

讲究方式，
把孩子培养成"社交达人"

微笑，给孩子的社交第一课

丹尼尔是一个不愿意与人交流的人，他很害怕和别人交流。可是今天，他刚走进校门就看见汤姆老师向他迎面走来，他连忙低下头，假装没有看见汤姆老师。

可是，等两个人靠近的时候，汤姆老师却大声地说："丹尼尔，你的鞋子很酷啊！"

他只好硬着头皮说道："早上好，汤姆老师！"

汤姆老师笑了笑，说："走路不要总是低着头，小心撞着人。"

丹尼尔尴尬地红了脸。

在走进教室的时候，同学杰克拍了一下丹尼尔的肩膀，高兴地说："早上好，伙计！"

他动了动嘴，最终没有给杰克任何回应，只是看了杰克一眼，然后就走到了自己的座位上坐下。

坐在他前面的艾丽回过身来对他说："刚才杰克和你打招呼呢，你怎么不理他？"

丹尼尔说："我又没有强迫他和我打招呼。"

艾丽却不高兴地说："可是杰克刚才的表情很不开心，你应该去道个歉。"

丹尼尔没有理会他，因为他真的不知道该和这些同学如何相处，他还是喜欢独来独往。

下午放学的时候，丹尼尔又在路上碰到了杰克，他依然没有和杰克打招呼，而杰克还在为早上的事情生气，所以假装没有看见丹尼尔。后来，班里很多同学看见丹尼尔都不会主动和他打招呼了。慢慢地，丹尼尔就被同学们孤立起来。

有一次，丹尼尔无意中听见同学们在议论他，一个同学说："他从来都不主动和我们打招呼。"

另一个同学又说:"我觉得他是个冷血动物。"

还有一个同学说:"他对老师也很没有礼貌,经常对老师视而不见。"

丹尼尔这才知道,他的独来独往竟然让自己在同学们的心目中变得这么差劲,他觉得心里很不是滋味。

于是,他找到了汤姆老师倾诉自己的苦恼。

汤姆老师听后,和蔼地拍拍他的肩膀说道:"亲爱的丹尼尔,其实你什么都不用做,只要微笑就足够了。"

竟然这么简单?丹尼尔有些不相信,但他还是按照汤姆老师说的去做了。一个月后,同学们果然重新接纳了他,还称呼他是爱笑的小天使。

在现在的社会中,人们最美丽的表情依然是微笑。微笑不仅能使孩子在与他人交往中心情愉快,还能消除彼此间的防备心理,让孩子愿意与他人交往和交谈。很多时候,微笑代表着认可、好感与接纳。在孩子的性格还不完善时,如果父母教会孩子不管在任何时候先对他人微笑,孩子一定能建立起和谐的人际关系。父母要把常微笑的好处清楚地告诉孩子,让他知道,微笑的魅力是世界上很多事物都无法相比的。而且,父母还要让孩子知道,不光是心情愉悦的时候可以微笑待人。当与小伙伴发生矛盾,不知道如何相处时,孩子也可以先用微笑来"招待"小伙伴。让孩子用笑容感染对方,让对方在孩子的微笑中得到快乐,继而疏解双方心里的烦闷,重新拾取快乐的心情。这样做,不仅朋友得到了快乐,孩子也有可能收获意想不到的回报。

【哈佛教子锦囊】

微笑法则永远是社交达人的一大利器。父母要让孩子知道,当面对他人不知道该怎么主动交流沟通的时候,只需要一个微笑,可能就解决了所有的尴尬和难题。

在日常生活中,父母要多鼓励孩子微笑,也要多向孩子展露笑容。父母的笑容会感染孩子，当孩子感受到微笑的力量后，父母再趁机向孩子讲述微笑的"魔力"，鼓励孩子和他人相处时，也要时刻保持微笑。

让孩子拥有助人的美德

有个人死后，一位天使出现在他面前，对他说："因为你生前做了不少善事，所以死后，我可以让你自己选择去天堂还是地狱。"

这个人不知道该如何选择，于是问："我能不能先去看看天堂和地狱到底有什么差别呢？"

"当然可以。"

于是天使就先带他到地狱去参观。到了地狱，他们面前出现了一张很大的餐桌，桌上摆满了丰盛的佳肴。

"地狱的生活看起来还不错嘛。"他说。

"不用急，你再继续看下去。"

过了一会儿，用餐的时间到了，只见一群骨瘦如柴的人纷纷入座。他们每个人手里都拿着一双长十几尺的筷子。虽然他们眼前有很多的美味佳肴，但由于筷子实在是太长了，最后每个人都夹得到，却吃不到。于是他们只能一天天饿着，变得越来越瘦，越来越无力。

"这些人真是太可怜了。"这个人面带同情。

"你真觉得他们很可怜吗？我再带你到天堂看看吧。"天使说。

到了天堂，同样的情景，同样的满桌佳肴，每个人同样用一双长十几尺的长筷子。不同的是，这些人用同样的筷子夹起菜后，却径直喂向了对面的人嘴中。而对方也会把夹起的饭菜喂给他吃，因此每个人都吃得饱饱的，他们每天过得都很愉快。

助人为乐是中华民族优良的传统美德，但现在越来越多的孩子却只知道"霸道为人"，不知道什么才是助人为乐了。父母要知道，教孩子帮助他人也是在帮助自己，不仅可以提高孩子自己的素质，培养孩子崇高的品德，还能培养孩子的社交能力，让孩子在帮助他人的同时收获友谊。

很多时候，孩子只有在自己需要帮助的时候才会想到他人，想得到他人的帮助，但孩子平时没有帮助过别人，别人又为什么要来帮助你呢？父母要把这个道理告诉孩子，让孩子知道，只有平时多帮助别人，当他遇到困难的时候，才会有人愿意帮他。那么，父母该如何让孩子变得乐于助人呢？

俗话说"人之初，性本善"，大部分孩子的本性都是与人为善，不霸道的，很多时候他们都有同情心，看到弱者就会想要伸出援助之手。但父母的不当教育却让孩子变得越来越冷漠了。比如，有些父母为了不让孩子吃亏，在教育孩子时就会说："出门在外千万不能被人欺负，被欺负了就要再欺负回去。"这样的教育无疑是错误的，只会让孩子变得对周围的人事物渐渐淡漠，不再愿意帮助他人，也会使孩子形成霸道的性格，对他的人际关系有很大的影响。

父母要告诉孩子哪些行为举止是他人寻求帮助的信号，并教育孩子要在不妨碍他人的情形下，学会帮助他人并与他人友好相处和合作。父母在面对自私霸道的孩子时，也可以对孩子进行适当的惩罚，从而让孩子明白因自己的不良行为可能引起的严重后果，努力让孩子认识到自己的错误，并让孩子学会承担后果。当孩子认错后，父母要把惩罚他的原因告诉他，并教会他以后再遇到类似事情应该如何做，让孩子边助人边思考。

【哈佛教子锦囊】

父母要让孩子知道，有时候帮助别人也是在变相地帮助自己。我们生活在这个世界上，每个人都有可能遭遇困境，难免需要他人的帮助才能渡过难关，如果孩子能以向善的心在别人遇到困难时伸出援手，那么当孩子遇到难题时，就有可能得到他人的帮助。

父母可以把这种因果关系简单地讲解给孩子，让孩子明白这个道理并愿意向需要的人伸出援手。

对于比较霸道的孩子，父母也不要心急，可以用身边或者名人的事例来引导孩子，让孩子知道助人是一件快乐的事情，帮助他人时自己也能有所收获，从而逐渐改变孩子霸道的性格，使孩子愿意帮助他人。

赞美，让孩子不再害羞胆怯

法国著名作家大仲马在小的时候为了赚点钱帮父母添补家用，就决定到巴黎找份工作。

他一个人背着行囊走遍了巴黎的大街小巷，却没有一个老板肯雇用他，他非常伤心和难过。一想到自己的父母和兄弟姐妹们还在过着贫苦的生活他就更加悲痛，对生活也渐渐失去了信心。

有一天，他因为吃了闭门羹而坐在一家饭店的门口哭泣，这时候，走过来一位客人，问他："年轻人，你为什么这么伤心呢？"

大仲马回答道："我还没有找到一份工作，我的家人还在忍饥挨饿呢。"

客人听了以后很同情他，就把他带进饭店里，想给他找个差事。

大仲马面对陌生人有些害羞，他摇摇头说："我没有学过算术，也不懂法律，不知道自己能做些什么。"

他听到那个人叹了一口气，尴尬地低下了头，不敢抬头正视眼前的好心人。

客人却说："那把你的名字和地址告诉我吧，如果有合适的工作我就通知你。"

于是，大仲马拿出一个小本子，撕下一页纸写上自己的名字和地址递给客人，客人看到他的字后，高兴地说道："年轻人，你的字写得真漂亮啊，这可是个优点啊！"

大仲马听到他的夸奖，紧张的心情放松了不少，于是开始大胆地和他聊天，受到夸奖后的大仲马突然对生活又有了希望，自此他开始更加努力地生活与工作，终于走上了写作的道路。多年之后，他终于成为有名的大作家，被全世界的读者所喜爱。

适当的夸奖对一个人来说是很有必要，也很有意义的，尤其对于没有稳定而良好人际关系的孩子来说，让他学会夸奖他人和赢得他人的夸奖，对培养他的社交能力很有帮助。面对陌生的环境和人，很多孩子会表现出胆怯害羞的一面。短时间的害羞是正常现象，当孩子逐渐熟悉了新环境之后，就会逐渐变得开朗起来的。但有些孩子却不是这样，他们进入新环境之后就会变得害羞怕生，更害怕结交新朋友，要用很长的时间才能适应新环境，并且还不容易结交到新朋友。这种孩子在某种程度上已经产生了社交障碍，如果父母放任不管，会使孩子的社交能力退化，孩子会变得越来越不合群，成为孤单单的一个人，这对孩子的成长十分不利。

而且，现在的孩子都是父母手心中的宝，他们的生活环境十分优越，住着高楼大厦，吃着美味佳肴。但也正因为如此，过于封闭的环境让孩子变得孤单，周围可以共同玩耍的小伙伴太少，甚至几乎没有同龄的小伙伴陪伴。这样时间一长，就会让孩子变得胆小害羞，不知道如何和身边的人相处。

孩子胆小害羞，主要表现为孩子逃避社交场合，不善与人沟通，在陌生人面前或公共场合不敢表达自己的想法、情感，遇事容易出现紧张不安甚至恐惧的心理。严重的还会患上社交恐惧症。

父母要知道孩子只有拥有了正常的人际交往能力和良好的人际关系时，其心理和性格才会正常发展。没有稳定而良好的人际关系，一个人是很难获得成功的。尤其是在现在这个社会，与人交往并建立和维持稳定的人际关系是非常重要的。所以，父母应该从小就培养孩子的社交能力，让孩子学会与不同性格的人做朋友。

对于生性内向、胆小、害羞，或缺乏安全感的孩子，父母不要吝啬自己的赞美，当孩子主动做了一件事后，父母要及时地给予肯定和鼓励，父母不要因为担心或宠爱孩子，而替孩子包办所有事情，要给孩子锻炼的机会，让他在经受挫折、克服困难的过程中不断提高自己的办事能力，以此来培养孩子的自信心，使孩子在做事的时候，不再害羞胆怯，能积极主动地走出家门，结交朋友。

父母在赞美孩子的时候，要真诚真实。不能夸大其词，也不能一味地夸奖，这样容易让孩子产生只是为了听到赞美而做事的想法。另外，父母在赞美孩子的时候，要多采用一些正面的、积极的、美好的词汇，引导孩子慢慢放大胆子，放手做事。父母还要把人际交往中的一些小窍门告诉孩子，让孩子能面对社会生活中复杂的人际关系，从而正确看待人与人之间的关系，不要让孩子因为交际中遇到的挫折而重新变得害羞胆怯起来。

【哈佛教子锦囊】

父母要从小就多带孩子接触外面的世界，让孩子早早地学会适应新的环境和朋友，当孩子主动结交新朋友时，父母要对孩子的行为给予肯定和支持，用赞美的语言鼓励孩子多接触新鲜事物，从而锻炼孩子的社交能力。

如果孩子始终怕生，不敢走到户外，父母也不要逼迫孩子，父母可以先在家中引导孩子接触不同的事物，对孩子主动踏出探索脚步的行为给予赞美。当得到表扬后，孩子就会希望再次得到父母的肯定，从而变得大胆起来的。

孩子学会谦虚才称得上是交际高手

爱因斯坦不管是在成名前还是成名后，对人对事都抱以虚怀若谷的胸襟和谦虚谨慎的态度，一生都在进行研究和学习。他对别人把他当成偶像感到无法理解，他从不认为自己是一个超人。他认为自己所走的道路只是前人走过的道路的延伸，所有的研究成果都是许许多多的人共同努力才得出来的结果，并不是他一个人的功劳。在科学这条道路上，每个人都有自己的贡献，他只是做了自己应该做的事情，并没有多么的伟大。而要走在科学这条道路上，他还需要继续谦逊地学下去，走下去。

曾有人问他："您老人家已经取得如此之大的成就，为什么还要如此谦虚学习呢？"

爱因斯坦拿起笔画了一个大圆和小圆，然后说："知识，是永无止境的。现在我可能比你知道得多一些，所以我是这个大圆，而你是这个小圆。小圆的面积小，接触的领域少，因而感受未知事物的范围就小；

但是大圆面积大，感受的事物比较多，就更加能发觉自己的不足，也就会更加努力地去探索。"

　　父母在孩子交友时，一定要让他谦虚真诚地对待他人。

　　不管是在什么情况下，父母都不要让孩子以骄傲的姿态与他人交往。父母要让孩子知道，骄傲的人是不会受人喜欢，会引起他人反感的。另外，父母要教育孩子在与小伙伴交谈时要保持谦虚的态度，说话不要太直，否则有可能会伤害他人的自尊心，对建立良好的社交关系是很不利的。父母要教孩子如何与人交谈，怎么掌握好说话的尺度和分寸，当自己与小伙伴的意见不统一时，不要急于表达自己的观点，要先听听小伙伴的解释，再说出自己的见解，要始终与小伙伴保持友好和谐的人际关系。

　　另外，父母要取消孩子在家中的独享权，不要让孩子滋生出独享心理。而且，当身边的人都夸赞孩子时，父母一定要对孩子给予客观的评价，以免孩子变得骄傲，目中无人。

　　父母也要让自己的孩子虚心接受别人的批评建议，有则改之，无则加勉，不能因为别人批评自己，就生出怨恨心理。

　　想要让孩子谦虚做人，父母还要让孩子学会与人共享，要让孩子知道与人共享的好处和乐趣。当孩子和其他小朋友一起玩时，父母要引导孩子把自己的东西拿出来与其他小伙伴分享，这样每个人就都可以获得更多的玩具，这样不是更好玩更有趣吗？

【哈佛教子锦囊】

　　父母要让孩子知道"谦虚使人进步，骄傲使人落后"的道理。当然，只讲道理可能孩子无法完全接受，父母还要借助于一些名人或伟人的故事，让孩子对骄傲和谦虚有一个更直观的印象，让孩子主动向这些名人学习如何谦虚做人。

　　父母不能只空洞地给孩子讲谦虚做人的道理，还要把什么是谦虚，怎么做才算是谦虚做人告诉孩子。要让孩子知道，一个骄傲自大的人是非常惹人讨厌的，只有谦虚谨慎的人才能收获他人的好感，结交到更多的朋友。

让孩子明白，团队合作可以创造奇迹

有7个人因为受到诅咒被关在一间潮湿的屋子里，这间屋子里没有任何的水和粮食，他们也找不到任何人来解救他们。

突然有一天，房间外面来了个人，这个人告诉他们7个人，这里除了他们待的那间房间外，还有25个房间，一个房间里有一些蜂蜜和水，而在另外的24个房间里有240块玫瑰红的灵石，如果能收集到这240块灵石，就能解除咒语，他们就能回家了。

但是这7个人里只有3个人相信门外人的话，愿意努力一把，而其他4个人根本不相信他的话，不想浪费力气去做无用功。

于是，这3个人开始找石头。开始的几天里，其中一人想先去找些木材生火，这样既能取暖又能让房间里有些光亮，另一个人却想先去找那个有食物的房间，而第三个人觉得快点把240块灵石找齐才是正确的。

3个人无法统一意见，于是决定各找各的，但几天下来，3个人都没有成果，反而耗得筋疲力尽。

但是他们3个并没有放弃，这一次，他们团结在一起，决定先去找木材生火，再找吃的，最后大家一起找灵石。

很快，他们在其中一个房间里找到了大量的食物和水，并把这些食物和另外的4个人一起分享了。另外4个人看到他们真的找到了食物和水，开始相信门外人的话，于是也加入了寻找石头的队伍里。终于，在大家的通力协作下，他们终于找齐了240块灵石，解除了诅咒，回到了自己的家。

孔子曾经说过："三人行，必有我师焉。择其善者而从之，其不善者而改之。"所以，父母要从小就给孩子讲一些关于团队合作的故事，让孩子意识到合作不仅能够给自己带来好运，还能带来成功。

可是现在，许多孩子都是在父母的溺爱下长大的"小皇帝""小公主"，他们没有合作的意识，习惯以自我为中心。奥地利个体心理学创始人阿德勒认为，倘若一个孩子不懂得与人合作，他就会变得孤僻，甚至产生严重的自卑情绪，这将影响孩子的整个人生。

所以，父母还要告诉孩子团队合作可以让事情完成得更顺利，懂得合作也是一个人获得成功的必备素质。那么，如何培养孩子的合作意识呢？

首先，要提高孩子的社交能力，让孩子在与人交往时多一分真诚，并学会正确看待他人的优劣势。

另外，父母还要教给孩子一些合作的规则和技巧，避免孩子因年龄小、缺乏合作经验而不知所措。

爱尔兰语言大师萧伯纳曾说："你有一个苹果，我有一个苹果，彼此交换，每人只有一个苹果。你有一种思想，我有一种思想，彼此交换，每个人就有了两种思想。"此话是告诉人们，学会合作就会拥有更强大的力量，在与人合作的过程中，每个人都可以借助他人的力量与智慧，实现自我超越。

因此，父母应告诉孩子，人与人是平等的，是需要合作的。所以，父母要让孩子在与人交往时切忌以自我为中心、为所欲为，应让孩子学会礼貌相让，友好相处。当有队友因能力不足而拖团队后腿的时候，也要让孩子不要一味地责怪他，而是要让孩子鼓励他、帮助他，互相友爱。当孩子与小伙伴意见不统一的时候，父母应该将日常生活中一些处理合作纠纷的办法教给孩子。告诉孩子在与小伙伴共同完成某项任务时，要根据每个人所擅长的来做出安排，而不是想当然地下命令。如果孩子和小伙伴都有道理，也可以采用一些公平又简单的方法来做决定。这样既解决了纠纷，又确定了行动方向，一举两得。

【哈佛教子锦囊】

一根筷子的力量很小，很容易就会被人折断，但是一把筷子却很难被折断，这就是团结的力量。父母要从小培养孩子的合作精神，要让孩子知道：合作能让人拥有更强大的力量。孩子不能只以自我为中心，不管是在做人还是做事时，都要和他人友好相处。

父母可以借助游戏来培养孩子的合作意识。当孩子在和他人一起游戏或者做事的时候，父母要让孩子学会照顾他人，不要以自我为中心，为所欲为。

注重培养孩子的宽容心

凯莉和兰蒂是一对好朋友，她们的友谊从她们出生那一刻就开始了。

凯莉和兰蒂从小一起长大，她们一起玩一起闹，好的时候恨不能天天同睡一张床、同穿一条裤子，但两个人也同样都是急脾气，吵架的时候，谁都不让谁，恨不得马上跟对方断交才好。

可是这样的两个人，她们的友谊最后却维持了60年之久，直到她们60岁生日时，她们还是彼此最好的朋友，当然，吵起架来的时候，她们依旧是谁也不让谁。

有人感到奇怪，她们是如何维持这段友谊的？

凯莉和兰蒂哈哈大笑。

兰蒂说："哦，上帝，算她运气好，她犯的错是我可以原谅的10条错误当中的一个。"

凯莉也笑道："是的，这个愚笨的女人，我可以宽容她10条错误当中的一个，而凑巧，她现在犯的错误就在那10条错误当中。"

"那么，那10条错误都是什么呢？"有人问。

"谁知道呢，我想她永远会犯那10条错误当中的一个，她永远都是那么笨。"兰蒂说。

"这是我应该说的才对，如果不是我有宽容心，你会失去你在这世上最好的朋友呢。"凯莉也说。

说完，两个人为谁更有宽容心而吵了一架，可是不一会儿，两个人又和好如初了。

法国著名作家雨果曾说：世界上最广阔的是海洋，比海洋更广阔的是天空，比天空更广阔的是人的胸怀。

一个人拥有宽广的心胸，也就拥有了快乐。所以，对他人的宽容，就是对自己心灵的解放。凡事斤斤计较，不能原谅、包容他人的人，会将烦恼和不快带到自己身上。而且，宽容是修养的体现，让人拥有一种海纳百川的胸怀。所以，父母要从小培养孩子的宽容心，让孩子对待不公，宽容一些，对待不平，心胸宽广一些。

当孩子与他人起冲突的时候，父母要告诉孩子：人与人之间产生摩擦、矛盾是在所难免的，但若因争一时之气而过分较真，只会引起更大的矛盾，破坏相互间的感情。如果孩子希望自己能交到更多的朋友，获得更多的快乐，那么必须要学会宽容对待他人，不要因为一些小事就与小伙伴们争得面红耳赤，甚至因恼羞成怒而大打出手。

父母要让孩子知道，这样做不仅小伙伴们会伤心难过，自己也会受到伤害。

另外，想要让孩子心胸变得宽广，父母就要以身作则，不仅自己要拥有豁达的心胸，还要在为人处世上引导孩子改掉斤斤计较的坏习惯。很多时候，孩子的情绪波动比较大，自控能力也比较差，常常会根据外界事物对自己的利弊做出最直接的情绪反应。孩子可能会做出一些背后说别人坏话或哭闹、发脾气等行为，借以宣泄自己心中的郁闷。这种时候，父母一定不要大声斥责孩子，尽量避免将自己的孩子与其他小朋友进行比较，要告诉孩子：在父母的心中他才是最棒的，也是别人学习的榜样，榜样都是宽容大度接受自己的不足与他人意见的。让孩子在父母特别的夸奖中，学会宽容待人。

【哈佛教子锦囊】

父母要鼓励孩子多出去结交朋友，并且要以宽容的心态来面对他人的错误或不善之举，要让孩子明白懂得宽容的人更容易获取他人的好感，也更容易赢得他人的尊重。

要让孩子学会虚心接受别人对他的批评，不要对此心怀恶念。要让孩子学会控制自己的不良情绪，学会原谅他人，以豁达的心胸来接纳他人。

告诉孩子，尊重他人就是尊重自己

有位教授想招聘一名研究生来帮助自己处理一些杂事，招聘信息发出去之后，许多研究生都投递了简历和作品，教授逐一地进行筛选，好不容易才找到一个比较满意的男生，于是他打电话通知这个男生来面试。

这个男生准时来到了教授的办公室，教授让他坐下，说："你平时做过什么兼职吗？"

而此时，男生却被教授书架上的书吸引住了，他盯着看了一会儿，然后说："我做过家教、销售和编辑。"

教授点了点头，问道："那你喜欢看书吗？"男生一听，正和了自己的心意，高兴地说："非常喜欢，我最喜欢看人文理论方面的书，我看见您的书架上就有好几本，都是我平时很喜欢看的一类书。"他很兴奋，甚至没等教授提问就把他看过的书都简单地介绍了一下。

教授面无表情地看着他，又问："那你为什么想应聘这份工作呢？"男生的眼睛不停地瞟着书架，说："因为这份工作能让我学到很多东西，而且我还能够得到您的指导，这个机会是很难得的。"

教授严肃地说："你在系里应该很优秀吧。"男生笑道："还好吧，我的论文经常被刊登到一些比较知名的刊物上，成绩也还不错。"

教授摘下眼镜说："年轻人，你的确很出色，但是我并不打算聘用你。"男生听了这话有些不好受，他收起脸上的笑容，问道："教授，这是为什么？"

教授戴上眼镜说："因为你太出色了，以至于你的眼中已经容不下我了。"

男生不解。

教授平静地解释道："年轻人，看来你还没有意识到自己的错误。你在和我说话的时候眼睛一直盯着书架，虽然这表示你很爱学习，但是，你忘记了我还坐在你的前面，而我一直在看着你。"

男生这才明白，原来是自己太不尊重教授了，他只能向教授表示歉意，然后离开了教授的办公室。

古语有言：百善孝为先。如果想让孩子尊重别人，那么就要让孩子从尊敬父母开始。很多孩子在和父母发生不愉快时，心里是会产生一定的愧疚感的，父母要抓住这一点，及时的教育孩子，要让孩子明确知道自己的行为会带来的不好影响，并禁止孩子对父母进行恶意顶撞以及讨价还价。当孩子明白父母的要求不可忤逆时，他们就会选择去尊重父母。

孩子学会尊重父母以后，父母就可以让孩子去学习尊重身边的人，让孩子学会礼貌的和他人交谈，尊重他人。父母还要教导孩子不能大声地和人说话，当别人的话没有说完时，不要随意打断，等对方说完后，再发表自己的见解等。

另外，当孩子表现得好时，父母应该给予孩子表扬或适当的奖励；反之，若孩子表现不好，父母也要给予适当的惩罚，做到赏罚有度，让孩子认识到不尊重别人是要承担相应后果的。

【哈佛教子锦囊】

想要让他人尊重孩子，就要让孩子先学会尊重他人。因为，尊重是互相的，只有互相尊重，才能友好地相处，才能收获想要的友谊。

父母想要让孩子学会尊重他人时，应该让孩子从尊重父母开始做起。父母是孩子的人生导师，如果孩子连父母都不尊重，谈何去尊重别人呢？

当孩子学会尊重父母的意见和决定后，再让孩子去学会尊重别人，这样孩子也会得到别人应有的尊重，在社会交往中受到欢迎和别人的喜爱的。

第十一章

做孩子成功道路上的
指引者

帮孩子树立正确的成功观

乌达是个认真好强的孩子，他总是严格要求自己的一言一行，认为只有这样才能收获成功，长大成人之后才能成为成功人士。也正因为如此，乌达很看不起那些不严格要求自己的人。在他的心里，这些人都是不上进的人，他们都不会成为成功人士。

而乌达的这种不努力、不严于律己就不会成功的成功观源自他的父亲——一个严谨且十分自律的人。在父亲的影响下，乌达变得越来越刻板，就像是印刻的模具一样，一板一眼，虽然他做事很少出错，但却缺乏灵活性，让人既不讨厌，却又实在难以喜欢得起来。

乌达的外婆是一个快乐至上的人。当她知道了乌达的情况后，觉得乌达并没有树立正确的成功观，外婆认为乌达作为孩子，就应该有个孩子的样子，在快乐中学习成功的技巧，树立正确的成功观，不能一味地学习。

乌达的父亲也同意外婆的观点，因为他虽然现在的工作十分体面，但事实上他的生活和人际关系却一团糟，根本算不得成功人士，所以他不想乌达变得和自己一样，可他又不知道该怎么改变乌达的这种情况，正好此时把乌达交给外婆，让她帮忙教育乌达。

外婆接手乌达之后，不急着教育他，却每天带着乌达出去玩，去看不同的人的不同人生，有环卫工人，有公司白领，有垂暮老人，有企业老总……

"你看到了什么？"外婆问。

"他们都在笑。"乌达说这话的时候也很开心，因为他以前从来没见过这么多的人和风景。

"是的，他们很开心，而且也都很成功。"外婆说。

"环卫工人也算是成功人士？"

"当然。"外婆笑道。

乌达若有所思：原来成功这么"多种多样"吗？

俗话说："吃得苦中苦，方为人上人。"正确的成功观可以让孩子在成长的道路上少一些挫折。即使孩子遇到困难时，也不会轻易被困难打败。父母在引导孩子走向成功时，还应该让孩子成为一个身心健康、人格健全的人，让孩子能够很好地适应现在这个社会，能够正确地看待是非，并且拥有正确的人生观和价值观。

父母要告诉孩子：一个人只有真正"成人"才可能成才。例如，只会学习的孩子即使看似离成功不远，但他若经不起惊涛骇浪便不算成功。父母不要让孩子把成功想得过于困难，成功离我们其实并不遥远。

虽然父母都想让孩子获得成功，但真正的成功是什么呢？有人说，成功就是扬名立万，获得万世敬仰；有人说，成功就是才子佳人，衣食无忧……概括起来，我们通常理解的成功就是指权力、金钱、爱情、事业的丰收。似乎"成功"之前的所有岁月都要为成功而努力，于是父母们理所当然地剥夺了孩子们本该简单、快乐的童年。

事实上，成功也可以在快乐的氛围中进行。现在的成功观表达的是：整个人生的成功是由各个阶段的成功组成的，人生的不同阶段都有它的价值所在，父母要让孩子做的就是去努力实现某一阶段的价值与成功。

要想帮助孩子树立正确的成功观，父母要先改变自己的旧观念，不要让孩子以为只有拥有了金钱、地位才是成功。父母要让孩子知道，我们的世界本来就是五彩缤纷的，每个人都有自己的幸福，每个人都能拥有不同的成功人生。

【哈佛教子锦囊】

父母要告诉孩子，一个人经不起惊涛骇浪就没办法成功，父母不要让孩子把成功想得过于简单，也不要让孩子因为害怕成功路上的困难而止步不前，要为孩子树立正确的成功观，让孩子在人生的道路上少一些挫折，让孩子成为一个身心健康、人格健全的成功者。

和孩子一起设好成功的航线和底线

在一座深山中住着一位智者，人们纷纷慕名而来，希望智者能为他们指点人生迷津，告诉他们成功的秘诀。

当人们在深山中找到智者的时候，智者正在山谷里挑水。但是他的两只木桶里的水都没有装满。

人们很不解，就问他："贤能的智者啊，你为什么不把水桶装满水呢，这样不是挑得更多吗？"

智者却说："挑水之道并不在于挑多，而在于挑得够用。一味贪多，会适得其反。"

人们还是不理解这其中的道理，智者就从他们中拉了一个人，让他重新从山谷里挑了两满桶水。那人挑得非常吃力，摇摇晃晃，没走几步就跌倒在地，水全都洒了，那人的膝盖也摔破了。

"水洒了，岂不是还得回头重挑一桶吗？膝盖破了，走路艰难，岂不是比刚才挑得更少吗？"智者说。

人们又问："那我们一次该挑多少水才合适呢？请您告诉我们计算的方法吧。"

智者笑道："你们看这个桶。"

众人望去，只见桶里画了一条线。

智者说："这条线是底线，水绝对不能高于这条线，高于这条线就等于超过了自己的能力和需要。一开始我们并不会知道这条线要画在哪里，所以我们要不停地试，不停地画，直到找那最适合自己的那条底线。也就是说，挑水的次数多了以后自然就会知道自己的底线在哪了。这条线可以提醒我们，凡事要尽力而为，也要量力而行。"

人们点点头，接着又问："那么，一开始我们应该把底线定多低呢？"

智者说："越低越好，因为低的目标容易实现，人们在遇到困难时也不容易受到挫伤，相反还会培养起更强的自信心，时间一长，循序渐进之下我们自然会挑得更多、挑得更稳。"

人生没有莫名其妙得来的成功。只有那些为成功一直在做准备，从一开始就设好了人生航线和底线的人，才能踏进成功的门槛。现在，很多孩子把成为科学家、艺术家等作为了理想与人生目标。而理想似乎从来都不那么现实，通往理想的道路又常常坎坷不断。随着孩子渐渐长大，一个现实的问题就摆在父母的面前：怎样才能帮孩子实现理想？孩子长大究竟能做什么？

俗话说："凡事预则立，不预则废。"每个人都有理想，可却很少有人可以实现，区别就在于你是否真正为理想而努力了，是否找到了正确通往理想的航线。理想的航线需要计划，好的计划可以帮助孩子确立奋斗的目标、合理安排时间，激发孩子的积极进取精神，父母要想把孩子送往成功的彼岸，就一定要帮助孩子共同制订好通往成功的航线。

许多孩子对自身情况往往缺乏理性的认识，所以不能正确认识自己，这时候父母的关心和安慰能为孩子找到成功路上的正确航线，帮着孩子最终踏入理想的天堂。

父母帮孩子制订的成功路线应该是具有挑战性又不是可望而不可即的，应该是符合孩子身心发展规律和个性需求的。这就需要父母平时和孩子多沟通，了解孩子的优缺点和能力发展水平，和孩子共同制订好切合实际的人生目标。

行为心理学专家认为："一个好的计划、措施如能坚持21天，就能成为一种良好的习惯，如能坚持72天，就能内化成为一个良好的品德。"因此，父母帮助孩子制订通往目标的航线后，一定要鼓励孩子坚持下去，直面困难，向着设定好的路线航行。

在通向成功的道路上，除了困难还有很多诱惑存在。父母要教导孩子：做人要有底线，不能为了成功就做违背原则的事情，也不能因为有了成就就目中无人，要学会放低自己的姿态，摆正自己的位置。生活中，一旦树立了目标，父母就要监督孩子长久地执行下去，要让孩子知道：只要我们能够坚定自己的理想，踏实不懈地去为实现理想而努力，理想终有一天会变成现实。

【哈佛教子锦囊】

　　每个人都有追求成功的权利，但为了成功而不择手段则是不可取的，父母要教导孩子在追求成功时一定要有自己的人生底线，还要为自己的成功设好正确的航线。

让孩子意识到，机会只给有准备的人

　　蒙利奇陶瓷厂的技师因为跟厂方意见不合而发生争执，技师一怒之下带着自己的几个徒弟回到了家乡，而蒙利奇陶瓷厂因无人接替技师的位置而被迫停产。

　　蒙利奇陶瓷厂的高层领导顿时乱成了一锅粥。就在这时，兰斯站出来向领导说："能不能让我试试？"

　　但兰斯当时只是一名小小的垃圾工，领导并不相信他能承担技师的工作。

　　兰斯当即从家里拿来了自己烧制的一个花瓶说："请您看看这个，它的质量跟咱们厂的产品相比哪个更好？"

　　厂领导看后，一个个目瞪口呆，纷纷问兰斯："这个花瓶真的是你烧制的？"

　　兰斯肯定地回答说："是的。"

　　原来，兰斯一直在私下学习技师的手艺，厂方派去跟技师学艺的工作人员都没能学到的东西，却被兰斯全部学会了。

　　了解情况后，厂方问兰斯："你有什么需要尽管提出来。"

　　兰斯却说："我只希望我的工资能涨10欧元。因为我的母亲患有严重的哮喘病，她每月需要服用10欧元的药物，而我的工资只够全家人每月的生活费。"

　　厂领导被他的诚恳所打动，马上对他说："只要你能够取代技师，你不但可以不再干运垃圾的工作，而且从现在开始，你的月薪也会跟技师一样高。"

就这样，机会落在了有准备的兰斯的头上，他也获得了不止比以往多10欧元的薪资。

有这样一句话："机会转瞬即逝。"但是仅有少数成功人士能抓住转瞬即逝的机会，这是为什么呢？俗话说：机会是留给有准备的人的。那么这些人都做了些什么准备工作呢？他们的准备工作是从日常生活中的一点一滴做起的。这些成功人士每天都在跟时间赛跑，他们抓紧每一天的时间多学多看多思考，他们每时每刻都在做着准备工作，这些准备工作有可能只是一件毫不起眼的事情，但积少成多，这使他们能在机会到来时很快发现它，并抓住它。

那么，应该如何让孩子在日常生活中做好准备，孩子们又该准备些什么呢？

其实，父母可以从日常的一点一滴锻炼孩子，让孩子多积累知识，多开阔眼界。比如，让孩子每天看半个小时的新闻联播。其实，看新闻或者新闻类的节目，哪怕是在网上浏览新闻内容对孩子都是有好处的。看新闻能使孩子养成良好的倾听习惯，学会集中注意力。懂得倾听的孩子更能在某件事情上集中注意力，与别人交谈时能抓到谈话内容的重点。而且，通过看新闻，孩子可以了解小到身边、大到全世界在发生的事情，能及时了解到各国每一天在发生的事情，开拓孩子视野的同时还能提高孩子的思维能力，让孩子发现很多新奇的事物。当孩子了解的事物越多，所涉及的知识领域也越广，思维能力也越强，机会自然也会比别人更多的。

【哈佛教子锦囊】

父母要让孩子知道机会总是在做足准备的人手里。日常生活中，只有不停地积累知识，让自己做足准备的人，才能在人生的道路上发现更多的机遇，获得成功。

让孩子为成功全力以赴地拼搏

安唯尔是镇上的花匠。一天，她从电视上看到一则消息，镇上要举行一次种植大赛，谁要是能种出黑色的郁金香，便能得到一大笔奖金。安唯尔的种植园正好缺少一笔资金，因此她动了心思，想参加这次种植大赛。

可是郁金香都是黄色、红色、粉红等各种鲜艳的颜色，从来没见过黑色的郁金香，到底能不能种出来呢？

不过，尽管安唯尔从来没见过黑色的郁金香，也没有把握一定能种出来，但是她想试试看。她种植郁金香已经有好几年了，从来没碰到过这样的挑战。正好她想借这个机会试试自己的能力，也许还能得到丰厚的奖金。

抱着这样的想法安唯尔撒下了种子，她每天都花费大把的时间来研究怎样才能种出黑色的郁金香。几个月过去，撒下的种子慢慢长大开花了，但她并没有种出黑色的郁金香。所有参加大赛的花匠都没能种出黑色郁金香，大家都纷纷放弃了。但安唯尔却不放弃，决定全力以赴地去种植黑郁金香，她从所有开花的郁金香中挑选出颜色最深的一朵，并且留下了它的种子。

第二年，安唯尔再把这些深颜色的郁金香种子撒下去，然后再从开花的郁金香中选出颜色更深的一朵取下它的种子，如此循环往复，每次她种出来的郁金香颜色都变得更深。

这样过去了很多年，安唯尔依然全力以赴地在尝试着培育出黑色的郁金香。

一天早上，安唯尔起床后到她的种植园工作，突然她看到了一朵黑色的郁金香花似乎在对她微笑，安唯尔欣慰地笑了。很快，安唯尔种出了黑色郁金香的消息传遍了小镇，传遍了荷兰。很多人慕名而来购买她的黑色郁金香。

一个人要获得成功，就要有压力。父母要在孩子的成长道路上适当地"施压"，在需要的时候适当地给孩子一些压力，让孩子在做事情时学会坚持和拼搏。父母要让孩子知道，拼搏是取得成功的条件之一，也是孩子取得成功的动力所在。敢于拼搏就好比在激流中行走，不付出努力就无法到达终点。一个人若只安于现状、坐享其成便无法获得命运的青睐，因为机会永远只降临在做好准备的人头上。

而想要让孩子具有拼搏精神，就要让孩子有压力和动力。父母应该知道，人的潜能是无限的，可是只有当孩子处于一定压力之下才会被激发出更多的潜能。因此，在鼓励孩子朝着自己的目标前进时，要适当地给孩子施压，或者把目标定得稍微高一点，父母还要教导孩子在遇到"迈不过去的坎"时不能退缩，可以换个角度、换个方向继续前进，只要目标不变并且坚定不移地往前迈进，就能品尝到成功的喜悦。

父母要让孩子知道，成功会给有目标的人机会，当孩子为了某件事情全力以赴拼搏的时候，成功便会向着孩子前进的方向敞开大门。成功的路上总是布满荆棘，就像没有哪位登山者能轻轻松松地登上世界最高峰一样。

【哈佛教子锦囊】

很多时候，追求成功的路上并不是一帆风顺的，父母应教育孩子在追求成功时要有拼搏精神，为了成功要不怕苦不怕累，要拿出全部的勇气并为成功而努力。

培养孩子多角度看问题的能力

多雷是个直脑筋的小男孩，他的父母一直想要让他学会从多个角度看问题，不要总是从一个角度看待事情。

有一天，多雷一家出去游玩，走在一条乡间小路上时，汽车陷进了一个小泥潭里，怎么也开不出来。多雷苦恼地说："哦，天啊，我们要被困在这里了，这可怎么办呢？"

"其实，这里的风景很不错啊，刚才我们一路开车，错过了很多风景，现在停下来才发现，这里真的太漂亮了。"多雷的母亲指着远处大片的农田说道。

农田的旁边还有一大片果园，树上结着红彤彤的果子，诱人极了。

"那我们不用赶路了吗？"多雷还在苦恼。

父亲说："我们可以一边欣赏果园，一边在里面寻找能帮助我们的人，你愿意和我们一起去吗？"

"好吧，我可不想被困在这里。"多雷说。

"儿子，你要换个角度想一想，如果不被困在这里，我们怎么会发现这么多美丽的风景呢？"妈妈牵着多雷的手，已经走到了果园里，水果在树上发出诱人的香甜味，一闻就知道肯定十分美味。

多雷试着想了想，果然觉得汽车陷进泥潭中并不算是一件十分难过的事情了。

没多久，他们就找到了几个水果采摘员，这些采摘员帮他们把汽车推出了泥潭，还送了他们很多香甜的水果。多雷再一次觉得，换个角度看问题果然不错，他现在一点也不烦恼了。

换个角度思考问题，绝境也可能逢生。只有从多个角度看待问题，才能真正理解问题，从而解决问题。对于孩子来说，从小拥有换角度去看待问题的能力是很重要的，这对他们以后的学习和生活都有着很大的影响。

那么，父母应该如何培养孩子从不同角度看问题的能力呢？作为父母，就是要从小培养孩子客观、理智思考问题的能力。父母可以任意选择一种事物或一个问题，让孩子说出自己的看法，父母也要把自己的思考结果告诉孩子，双方对问题再进行讨论，最后再由孩子总结。

在讨论过程中，不管孩子的言论是否合理，父母都不要急于否定，要静下心来听完孩子的理由，并鼓励他继续思考，进一步说明自己的想法。通过讨论，孩子会了解他人的感受、看法，会使自己的思维变得严谨、深刻，也能学会从多个角度看问题。

另外，父母还可以从简单的问题开始培养孩子客观、理智思考问题的能力。父母要引导孩子去多想、多思考，告诉孩子不要只从一个角度思考问题，而是要学会多个角度去思考。这其实是一个锻炼孩子发散性思维的过程，让孩子沿着不同方向和角度对问题进行思考，对孩子以后的学习和生活都有极大的帮助。

有时候思考角度太单一，就会让问题变得过于片面，孩子也会变得不爱思考，不喜欢动脑筋，久而久之，就会让孩子的学习能力下降，理解能力变差，使孩子的思维受限。而且，这还会影响到孩子未来的成长和人际交往能力，也不利于孩子性格的形成。因此，在日常生活中，父母要鼓励孩子多参与多元化的活动，逐渐培养他从不同角度看问题的能力，开拓孩子的视野，拓展他的思路。

【哈佛教子锦囊】

父母要从小锻炼孩子的思维能力，让孩子学会从多个角度看问题。当遇到困难时，孩子不要急躁，要学会多角度分析问题，否则只会阻碍孩子的发展。

告诉孩子，有付出才有收获

有一个美国男孩，他出生在纽约的贫民窟，父母每天都要拼命地赚钱，根本没有时间管教他。于是，他就和贫民窟的小混混们走在了一起，这让父母很头疼。

在学校里他也从来不听老师的教导，逃课、捣乱是经常的事情。

有一天，他溜出教室，打算去校外找狐朋狗友玩，被校长发现了。他原以为会被校长狠狠地批评一顿。

可是，校长把他上下打量一番，然后突然大笑起来，说："我一看你修长的小拇指就知道，将来你一定会是纽约州的州长。"

小男孩听了很惊讶，小时候只有他的奶奶说他可以成为五吨重的小船的船长，其他人根本不相信他会有所成就。

小男孩记下了校长的话，并坚信这就是事实，从那以后，他开始努力耕耘，用心学习，改掉了自己的坏习惯，一直以成为州长这个目标而努力。终于，皇天不负有心人，在51岁的时候，他被选举为纽约州的第53任州长，他就是罗杰·罗尔斯。

很多人都希望天上真的有馅饼掉下来，孩子也一样。当孩子有这种想法的时候，就需要父母来教育和引导孩子，让孩子知道：一分耕耘一分收获，免费的午餐是不存在的。

父母要告诉孩子：在人生道路上，只有播种才会有收获，只有用自己的付出才能换来成功。付出了真诚与关爱，我们才能收获友谊；付出了认真与努力，我们才能收获知识；春天播种了希望的种子，秋天我们才能收获累累硕果。生活中如果我们想要有所得，就必须有所付出；我们想要拥有好的生活，就只有像农民一样辛勤播种，用心灌溉，才会有丰收的时候。父母要教育孩子从小就要摒弃不劳而获、好逸恶劳的思想，这是为人父母的责任和义务。

如今很多孩子都是独生子女，是父母的掌中宝、心头肉，但这些孩子在父母的溺爱下却养成了饭来张口、衣来伸手的坏习惯，也很少去想成功和付出的事情，只想着守株待兔，等着馅饼砸到他们身上。但这是不可能的，父母要让孩子知道，付出一个信念，收获到的将是一个行动；付出一个行动，收获到的将是一个习惯；付出一个习惯，收获到的将是一个性格；付出一个性格，收获到的将是一个命运。所以说付出是收获之母，只有今天坚持不懈地努力和付出，明天我们才能收获美丽精彩的人生。而且，好逸恶劳只会助长人的惰性，这不仅对人自身无益，甚至还会危害社会。所以，父母应从小就提高孩子对劳动与付出的正确认识。如果孩子也希望自己能过上舒适安逸的生活，那父母就要让孩子懂得劳动创造财富的道理，要帮助孩子正确地认识劳动与付出的作用。

父母是孩子最好的老师，父母也应该为孩子做出表率。另外，父母可以通过培养孩子的劳动习惯，使孩子自觉地抵制不劳而获的思想。比如，父母可以和孩子一起收拾房间，一起折叠衣物等，同时当孩子做完劳动后，父母要给予肯定和表扬，让孩子体会到劳动的乐趣，从而懂得有付出才能有收获的道理。

【哈佛教子锦囊】

父母要告诉孩子，天下没有免费的午餐，所以不努力的成功也是不存在的。父母要教育孩子只有付出劳动才能有所收获，不要想着不劳而获。

用经验和教训为孩子的成功铺路

杨威是中国体操男队的全能选手，他参加了很多次世界大赛，有过胜利的喜悦，也体验过失败的痛苦。

2004年的雅典奥运会，杨威带领着被大家称为体操"梦之队"的中国体操男队前往雅典，他们肩上担负着中国人民的厚望，所有人都盼着这支身经百战的队伍能夺下男团的金牌。但是，赛场上发生的状况让大家很是震惊，队员们的表现都不尽如人意，尽管中国体操男队最后奋力赶超，也仅仅获得了第四名。

男团夺冠失败后，杨威的压力非常大，接下来他还要争夺男子体操全能项目的冠军。这一次大家又把期盼的目光集中到了杨威的身上，他是中国体操队的领头人物，也是大家心目中的全能王。

杨威顶着巨大的压力，稳定地完成了前几项比赛，就在大家为他即将取得的好成绩而准备欢呼的时候，杨威在单杠上出现了重大的失误，最后以第七名的成绩错失了金牌。

这次失败给杨威的打击很大，他无法原谅自己，甚至产生了退役的念头，在队友和教练的开导下，他终于从失败的阴影中走出来，总结失败的原因，汲取经验教训后，他决定再一次为奥运会而战。

2008年，杨威又一次带领中国体操男队进入奥运会的赛场，赛场上飘扬的五星红旗让他和队员们激动不已。这一次，他们作为东道主与其他国家的选手进行角逐，每个人都非常渴望得到金牌。在中国观众的呐喊声中，他们以出色的表现拿下了男团的金牌，而杨威更是以零失误的表现得到了一枚全能金牌，继1996年之后，他终于又将这枚金牌收进了自己的囊中。

在人生的道路上，成功总是伴随着失败而来的。但现在大多数的孩子眼里只有成功，看不到失败。而且，现在的孩子不懂得如何汲取自己或他人身上的经验和教训，所以在失败的时候，他们总是格外的失落。所以，父母应该在督促孩子走向成功时，也要鼓励孩子汲取自己与他人成功路上的经验教训，哪怕只是一次小事的失败教训，也是很有教育意义的。只有这样才能让孩子不会一遇到困难就退缩，不知道如何直面应对困难。

不会汲取他人经验教训的孩子中，以性格内向的孩子居多。性格内向的孩子本身就不擅长交际，所以他们有了问题喜欢自己扛着，扛不了了就扔一边，这样孩子自然无法从他人身上汲取经验教训。当父母看到孩子面临这种境况时，应多安慰孩子，帮助他卸下心理负担。比如，孩子成绩不好或者遇到困难时，他本身就会产生心理压力，这时父母不宜过多批评他。然后，父母应告诉孩子"向人请教不是件丢人的事情"，并鼓励孩子主动向他人请教问题，汲取他人身上的经验和教训，借助他人的智慧来解决自己面对的难题。

父母要让孩子知道，"三人行，必有我师"，鼓励孩子多和他人交谈，哪怕是同龄人，只要懂得多的人就可以成为孩子的老师。父母可以引导孩子积极主动帮助比自己学习成绩差的同学，也要鼓励孩子向比自己聪明好学的人看齐。这样一来，孩子既能体会到帮助别人的快乐，还能从别人的错误中汲取经验教训，以免自己犯同样的错误。

还有一些孩子一遇到挫折和困难时，经常会因为无法"跨越"它而感到灰心失望，向困难低头认输。这时候，父母就应该多鼓励孩子，让孩子积极面对困难，不要服输。父母还可以多给孩子讲一些名人不服输的故事，让孩子从名人身上学到不服输的精神，全力以赴地去为了梦想与目标而拼搏。

【哈佛教子锦囊】

　　父母要让孩子多汲取他人成功的经验和教训，让孩子借鉴他人成功的经验，开拓思维，用经验与教训为自己的成功铺路。

第十二章

让孩子品味人生的真谛

让孩子学会"塑造"人生

罗斯是一位出色的画家。有一次，他要把一幅画作拿到展厅去展出，为了能听取更多人的意见，他特意在他的画作旁放了一支笔，希望参展的人对他的画提出宝贵的意见，如果有人认为此画有败笔之处，就可以直接用笔在上面圈点。

当天晚上，当罗斯兴冲冲地去取画时，却惊讶地发现整个画都被涂满了记号，自己的一笔一画都受到了指责。他十分沮丧，就把这件事情告诉了一位朋友。

朋友说："你为什么不换一种方式试试看呢？"

于是，罗斯画了同样一幅画拿去展出。但是这一次，他要求每位观赏者将画上自己认为的妙笔之处标记出来。

晚上，等他来取画时，发现画也被涂满了记号。画中一切曾被指责的地方，如今却都换上了赞美的标记。

"哦，天啊！"他万分感慨地说，"现在我终于发现了一个奥秘：无论做什么事情，不可能让所有的人都满意，因为在一些人看来是丑恶的东西，在另一些人眼里或许是美好的。生活真是太有趣了，你想将它塑造成什么样子，它就能成为什么样子。"

生活就像一个大染缸，你想让它变成什么样，它就能变成什么样，前提是你要在这个大染缸中投入哪种颜色的染料。由此可见，生活是可以人为塑造的，只要你努力，它就能朝着你希望中的样子发展。父母应引导孩子学会品味人生，努力地塑造自己的生活，使自己的生活变得更加精彩。

每一粒种子，都希望在阳光雨露的滋润中结出丰硕的果实；每一只雄鹰，都期待在辽阔无云的天空中练就一对有力的翅膀。但是，想象是美好的，生活却是一个多彩的竞技场，父母要让孩子知道：在这个竞技场中，不知道会遇见什么样的对手和旅伴，不到生命的最后一刻，自己也不会清楚自己到底是输是赢，是否到达了理想中的目的地。不过，如何在这个竞技场中度过自己的人生，却是孩子可以决定的。

父母应多和孩子沟通，经常与孩子讲解人生，告诉他：在他成长的过程中，会遇见许多人，经历许多事，其中有快乐的，也有让自己烦心的。父母要让孩子知道，生活就是如此，是由多种元素构成的，其中有痛苦或悲伤，有兴奋或快乐，没有谁能彻底清除生活中的所有不快。但只要我们学会"塑造"自己的人生，品味生活，就能收获一场精彩的旅程。

那么，父母应该如何教孩子"塑造"人生呢？父母可以选择以下方法：

父母可以带孩子多去户外走走，了解不同人的不同生活经历，引导孩子开动脑筋，思考自己想要过什么样的生活，该如何度过现有的每一天。比如，让孩子采访爷爷、奶奶，了解他们小时候的生活状况及家庭、社会环境，并与当今自己的生活环境与状况进行对比，或带孩子去周围的农村转一转，让他体验劳作的辛苦与快乐。这样，孩子就会懂得自己幸福生活的来之不易，会更加珍惜和享受已拥有的一切。

当孩子学会思考后，父母可以与孩子一同举行一个家庭会议，倾听孩子的想法，并对孩子的想法给予肯定和支持，让孩子在精神上得到鼓励。父母还要经常鼓励孩子说出他对周围事物的看法和感受，父母可以选择孩子比较感兴趣的事物，让他仔细描述并尽情发挥，询问他会如何塑造这个事物。在孩子诉说的时候，父母应在一旁认真倾听，不能无故打断孩子的话。否则，正说到兴头上的孩子会感觉自己不受尊重，同时，诉说给孩子带来的愉悦感也会大打折扣，孩子还有可能放弃"塑造"生活的想法。

【哈佛教子锦囊】

父母要多和孩子沟通，告诉孩子什么是人生，我们该如何享受和回报生活。父母不要让孩子迷失在人生的长河中，一生碌碌无为，什么成就都没有。

父母要多倾听孩子的想法，多让孩子体验不同的生活，让孩子在不同的生活体验中感悟人生真谛，学会塑造生活。

保护孩子的率真天性

艾米利的好朋友安娜最近很不开心，因为最疼爱她的奶奶过世了，这让安娜十分痛苦，她每天眼睛都哭得又红又肿，艾米利很是担心，想为好朋友做点什么，但又不知道能做些什么。

艾米利去问妈妈，妈妈说："那你就多陪陪她，多对她笑，她不开心的时候就哄她开心，她难过的时候就逗她笑一笑。"

"那她要是想哭呢？"艾米利一想起安娜这几天红肿的眼睛就难受，怎么才能让她不再哭呢？

"那你就让她哭出来吧。"

"啊？"艾米利以为自己听错了，不解地问："让她继续哭？"

"对啊，因为你们还是孩子，伤心难过当然会哭，这是你们的天性，也是你们的率真之处。现在的你们多保留一分率真并不是错误的，你们不用像大人一样考虑那么多啊！"

"妈妈，你这话好酷哦！我这就去找安娜。"艾米利在妈妈脸上亲了一口，兴冲冲地跑出家门，去找安娜了。

现在，越来越多的孩子受到"早熟"的折磨，小小年纪的他们有些表现得甚至比成人还要成熟稳重，一点也没有孩子应该有的率真可爱。虽然随着年龄的增长，孩子的心性渐渐成熟起来是正常的，但现在的孩子受大环境的影响，他们已过早地变得圆滑起来，他们的心可能已不再单纯，他们已很难在生活中率性而为，他们或许不再拥有率真的童年，小小年纪就被各种各样的烦恼所影响，有时候甚至活得比成人还累，还复杂。

这些孩子在某种程度上已经失去了自我，他们无法显露真性情。因此，让孩子保持那份质朴、率真的个性对孩子的健康成长十分重要。

所以，无论是为了孩子的快乐童年还是为了他将来的成功人生，父母应从小培养其率真的性格，让他以真性情示人，做最真的自己。但是怎么做，才能让孩子保持率真呢?

让孩子做他自己。这句话看着十分简单,但却很有深意。也就是说:父母要尊重自己的孩子,有些事情要让他自己做主,让孩子活得自由,拥有自我。在这一点上,日本做得十分到位。日本一直十分重视对孩子率真个性的保护,比如,在孩子绘画的时候,日本父母会让孩子自由作画,并鼓励孩子们表达自己内心最真实的想法。在日本的许多幼儿园、小学里,当学生画完画后,老师并不会对其画作横加评价,而是小心翼翼地将其悬挂、张贴在墙上,让孩子们自由欣赏并互相讨论。这让孩子不仅在自由作画、自由欣赏、自由评价的过程中充分表达自己对这个世界最真实的看法与理解,同时还保有了孩子童年的率真个性。

父母可以效仿这一点,不仅是在孩子画画的时候,在不触犯法律与危害人身安全的任何时候,父母都可以让孩子自由地按照他们自己的想法来做和行动,父母给他们的应是想象的空间,而不是生活中的条条框框。

有时候,当孩子表现出率真天性时,可能会因其缺乏知识、经验等而说错话、做错事,在这种时候,父母不要根据自己的标准来指责或者当众批评孩子,要给孩子面子,这样才能保护孩子的自尊,从而保护孩子率真的天性。

【哈佛教子锦囊】

孩子的天性都是率真直率的,父母不要过早地抹杀孩子的率真天性,要让孩子保持这份直率。日常生活中,父母要学会尊重孩子,给孩子充分的自由空间,让孩子生活得更愉快、更自由。

不要让孩子带着偏见看待人生

两个十几岁的女孩在同一家餐厅吃饭,其中一个女孩穿戴朴素,所点饭菜也都是比较便宜的,另一个女孩则出手十分阔绰。

餐厅里的客人比较多,这两个女孩只能同桌用餐。可在她们快要吃完饭的时候，外面突然下起了雨，看到雨下得不小，她一时慌张，就拿起桌上放着的一把折叠伞往出走。

这时，出手阔绰的女孩叫住她："喂！这是我的伞。"

穿戴朴素的女孩这才反应过来，她有些尴尬，红着脸向对方道歉，说自己一时误拿，不是故意的，另外一个女孩就没再说什么。

之后，穿戴朴素的女孩就撑着自己的伞去给还没有下班的妈妈送伞。可是，在去妈妈单位的路上，她又遇到了刚才与她同桌用餐的那个女孩。那个女孩看她撑着一把伞、手里拿着一把伞，就说："看来你今天的成绩不错嘛！"

原来，出手阔绰的女孩已经对误拿雨伞的那个女孩有了偏见，出手阔绰的女孩看她一副"穷酸样儿"，又"差点儿"拿走自己的伞，便以为那个女孩本就有"顺手牵羊"的坏毛病。

穿戴朴素的女孩听到这样的话既伤心又气愤，留下一句"你也太看不起人了"就跑开了。

很多时候，人们都喜欢根据自己所得的知识、经验去看待他人和遇到的问题，这很容易让人对他人和遇到的问题产生偏见，产生刻板的印象。比如，人们常说"生意人都很狡猾""男人都不爱讲卫生""女人都不爱讲道理"等，这些都是带着"偏见"评价人的结果。

而一个人一旦对某个事物有了偏见，就会产生不公正的评价。不去了解真相就下结论，这让人无法看清人、事、物的本来面目，进而无法公正、客观地去分析问题。孩子更是缺乏判断能力，一旦产生偏见，这对孩子人生观、价值观的形成是十分不利的。所以，为了让孩子对世界有一个清晰、客观、正确的了解，父母就应从小引导孩子遇事仔细思考、冷静判断的习惯，让他在了解了问题的各个方面后做出更加客观、公正的评价。

日常生活中，父母应时常引导孩子进行换位思考。

小孩子往往比较以自我为中心，很少会设身处地站在别人的角度思考问题，这使其很容易产生从众心理，看到别人怎么说他就跟着怎么说。父母可以在这个时候引导孩子公正、客观地看待问题，要让孩子学会换位思考，站在他人立场上体会他人的感受。

另外，为了让孩子不带着偏见看待人生，父母还可以培养孩子的公德心，让孩子遵守社会公德，不随地吐痰、乱扔垃圾、上下车要讲秩序等，加强对孩子的公德教育。当孩子具有独立能力之后，父母可以让孩子平时多参加一些社会公益活动，这既能培养孩子的爱心和公德心，还能为孩子建立良好的人生价值观念。比如，保护大自然、帮助老弱病残等有意义的活动。在实践活动和周围小朋友的影响下，孩子会渐渐学会怎样做一个有公德心和爱心的人。而在和他人愉快的相处中，孩子会学会如何正确看待他人和事物，学会如何不带偏见地看待人生。

孩子也是具有独立意识的个体，他们会很在乎别人对自己的评价，也很想得到他人的认同与肯定。而经常受人夸奖、赞美的孩子，会很注意维护自己的形象，不会轻易做出不受欢迎的事，也很少会戴着有色眼镜看待他人。所以，父母在日常生活中应多表扬孩子，除此之外，还要鼓励孩子与周围的小朋友互相赞美，让他们寻找到同伴身上的优点与长处，而不是紧盯着对方的缺点，这样他们就不容易对同伴有偏见了。

【哈佛教子锦囊】

父母要以身作则，不戴有色眼镜看待他人和事物，为孩子树立良好的模范，让孩子正确看待身边的人事物，不带偏见地看待他人和生活。

为了不让孩子有偏见地看待这个社会，父母可以多培养孩子的公德心，让孩子在良好的生活环境中摆正自己的心态，远离偏见。

引导孩子自如应对生活中的大小事

医院里有一个病重的老人，他每天都孤单地躺在病床上看着天花板，觉得生活已经没有了指望。有一天，他的病房里来了一个病友，这个病友虽然病得很重，但却非常乐观，也喜欢说话，每天都要和他聊上几句。

有一次病友问他："你的家人呢？"

他伤感地说："我的儿女都不要我了。"

病友安慰他说："其实他们不是不要你，只是不想看见你这么痛苦。"老人听了觉得很有道理，说："是啊，还不如不让他们看见呢。"

第二天他醒来以后，病友高兴地对他说："你的孩子刚才来看你了，还给你买了水果。"

他看了看床边的小柜子，上面果然放着一兜水果。

他高兴地说："那他现在在哪儿呢？"

病友羡慕地说："他看你睡着了就没有吵醒你，现在去上班了，他还让你好好养身体。"

老人非常开心地说："让护士给我们拿水果吃吧，我一个人吃不了这么多。"

病友笑着答应了。

在后来的半年里，老人每隔几天就能收到儿子送来的水果和鲜花，他的心情一天天地好起来，健康状况也改善了许多。

但是病友的状况却不容乐观，他的精神越来越恍惚，在一天夜里去世了。

临终前病友还对老人说："你儿子说，等你病好了，他就来接你。"

后来老人能够坐轮椅了，还可以自己到医院的小花园里晒晒太阳，儿子也经常来看他。有一次他问儿子："你那年怎么突然想起来给我送水果了？"

儿子诧异地说："没有啊，我没给您送过水果。"

他回到病房后想了想，然后问护士："我的水果是谁送的？"

护士看着他，认真地说："是您以前的病友。"

他听了点点头，两滴眼泪从眼眶里落了下来。

我们生活在这个世界上，每天都会遇到各种各样的事情，大多数时间都是平平常常的小事，但有些时候，会遇到一些突发事件。比如，意外、生病、机遇等。当面对这些突发事件时，成人一般能根据自己以往的经验冷静处理，比如上面故事中的病友，面对病重的老人，他灵机一动，选择了用善意的谎言来抚慰老人的心。但孩子却不一样，孩子没有独立处理事情的经验，也就没有冷静对待事物的能力，所以不仅面对突发事件时孩子不能应对自如，就连一些普通的事情，孩子在没有他人帮助的情况下可能也无法顺利解决。

但是，父母不能时时刻刻都陪在孩子身边，替他解决这些问题。因此，教给孩子一些生活常识，让他学会面对生活中的突发事件是父母最应该做的事情。

父母要让孩子知道，如果一个人没有足够的应变能力，那么在面对突发事件时，他就会变得手足无措，无法解决眼前的难题。比如，当孩子和父母在户外走散时，如果孩子的应变能力不强，孩子就只会坐在地上哇哇哭，那么他就只能等待别人伸出援手来帮他。而且，如果孩子遇到了坏人，在不懂得基本的自救技能和应变措施的情况下，他的人身安全就有可能受到威胁。由此可见，拥有应变能力对孩子来说是很重要的。

所以，为了不让这些突发事件威胁到孩子的人身安全，父母在平时就应重视对孩子应变能力的训练，要教孩子遇到突发事件时不能慌张，要冷静。等孩子冷静下来后，父母要让孩子多动脑，多思考，找出事件的解决方法，引导孩子解决掉这个问题。如果孩子通过思考觉得眼前的突发事件不能依靠他自己的能力解决，父母就要让孩子及时地寻求他人的帮助。如果是在家里，父母就是孩子的最大靠山；如果是在户外，警察叔叔是孩子最好的助手。父母要在培养孩子应变能力的同时，把一些意外时常用的救援电话和标志教给孩子，让孩子在遇到危险时，能第一时间找到最好的解决方法。

【哈佛教子锦囊】

人们在生活中会遇到各种各样的事情，这其中包括各种意外和突发事件。父母要从小培养孩子的应变能力，让孩子遇到意外或突发事件时能以平常心对待，沉着冷静地处理问题。

培养孩子诚实的品质

米莉亚是一个卖鲜花的女孩，她经常在伊萨大教堂的附近做生意，因为这里的行人比较多，花会卖得比较快。但是，一到冬天，她的命运就会很凄惨。当地的冬天太冷了，大家都不愿意出门，米莉亚的鲜花很不好卖，有时她在冰冷的雪地里站上好几个小时也卖不出去一枝花。

一次，天又下起了大雪，米莉亚的手脚冻得冰凉，她在教堂的门口来回转悠，希望这种方式能帮助她驱寒。她从早上一直站到下午，可是却没有一个人肯买她的鲜花。正在绝望的时候，一位老先生从教堂门口经过，他看起来慈眉善目的。米莉亚跑过去说："先生，买一枝花吧，很便宜的，我已经一天没有吃饭了，只想买一块面包。"

老先生看了看她，又掏了掏自己的大衣口袋，拿出一枚金币，皱皱眉说："对不起，我没有零钱。"

米莉亚真的很饿，她多么希望这位先生能买一枝鲜花，这样她就可以赚到一个卢布。"我去给您换零钱，您等一下，一定要等着我。"米莉亚说完就拿着金币跑了。

老先生在教堂门口等了很长时间，可是米莉亚依旧没有回来。老先生以为这个女孩是个骗子，就生气地骂道："该死的，刚才我还同情她！"就在他想离开的时候，突然看见米莉亚正一瘸一拐地向他走来。原来，米莉亚在回来的路上不小心滑了一跤，摔伤了一条腿。

"先生，您的钱。"米莉亚把一大把零钱递给老先生。

老先生摇摇头，感动地说："孩子，这些钱你拿着吧，找个医生看看你的腿，我已经知道你是个很诚实的姑娘了。"

米莉亚推辞道："不行，我不能白拿您的钱。"

老先生只好说："那好，你的花我都买了。"

米莉亚高兴得不得了，把怀里的鲜花都给了老先生，然后拿着十几个卢布一瘸一拐地回家了。

诚实是每个人都应具备的优良品质，是做人的基本准则之一。而现实生活中，却有很多孩子喜欢说谎，他们不仅不诚实，还缺少人与人之间的信任感。父母要知道，喜欢说谎的孩子长大后往往敏感、多疑，很难真正信任别人。而一旦孩子失去了人与人之间最基本的信任，不仅双方的友好关系难以维持，孩子的交际圈子也会变得越来越狭小。因此，父母应该从小就培养孩子诚实的优秀品质。但在教育孩子的过程中，有些父母太过严厉，经常因一点小事就批评、责骂甚至打孩子，这会让孩子产生害怕、畏惧的心理状态，尤其在犯错后，他会因害怕被打骂而选择用说谎掩饰过错。所以，为避免孩子在做错事后用说谎来逃避，父母应在平时生活中注意营造轻松、和谐、民主的家庭氛围，要时常和孩子进行平等的交流沟通，让他感受到来自父母的爱与关怀，而不是批评与责骂。

父母还要学会信任自己的孩子，父母要慎用"谎言"这个字眼，不能因为孩子一次撒谎，就认定孩子永远在撒谎，否则这很容易让孩子背上心理负担，导致他以后习惯性地撒谎，形成恶性循环。信任可以增进孩子与父母之间的亲密感，父母对孩子的充分信任会使孩子自觉地进行自我约束、自我监督。

不过，信任孩子并不等于无条件地对孩子放任自流。如果发现孩子撒谎，父母就要及时地、明确地指出他的这一错误的行为，并告诉孩子应该怎样去做。对于孩子有目的的撒谎，父母更不能放任，要明确地拒绝他，制止孩子的撒谎行为。

父母的行为会对孩子产生深远的影响，孩子会下意识地模仿父母的动作，学习父母待人处世的态度。所以，父母在要求孩子诚实的同时，自己也要做到诚实守信、言行一致，犯错后要及时承认错误并认真改正，为孩子树立一个好榜样。

【哈佛教子锦囊】

诚实是一个人的优良品质，只有拥有诚实品德的人才能享受到优质的生活，才能获得他人的尊敬和爱戴。因此，父母要从小培养孩子诚实的品德，让孩子遇事不要撒谎，自觉地进行自我约束和监督，做一个诚实的人。

教孩子学会明辨是非

　　小男孩和爷爷坐公交车去公园玩，在公交车上，一位阿姨抢在爷爷之前坐在了唯一的空座位上，还差点把爷爷挤倒了，幸好旁边一位叔叔把爷爷扶住，并让出了自己的座位给爷爷和男孩坐。

　　小男孩连声道谢，爷爷趁机告诉小男孩：上车不能抢座，更不能随便撞人，那是不对的，要学那位叔叔，遇到需要帮助的人时一定要伸出援手。

　　小男孩点头称是。

　　小男孩和爷爷在公园里开心地玩了一天，回家的时候，天太晚了，爷爷决定坐出租车回去。

　　可是这个时间很难叫到出租车，爷孙俩等了很久，才看见一辆空车，于是赶紧招手。车停在了离他们不远的地方，爷孙俩刚要走过去，一位中年男士先他们一步钻进了车里。

　　爷爷很生气，认为是那位男士抢了他们的车，但小男孩却说："确实是这位叔叔先上的车，我们不该和他争。"

　　爷爷惭愧地说道："是的，爷爷错了，做人要明辨是非，不能因为自己的不满，就埋怨别人。"

　　人与人之间总会有一些矛盾，这是因为每个人的做事标准和行为准则都不一样，有些人是怀着善意，有些人是心怀叵测，而有些人虽然心怀善意，却好心办了坏事，如何让孩子学会正确分辨他人的行为是父母的责任。

　　孩子小的时候对很多事物的认识还不深刻，判断是非的能力也比较差，而且他们常常单纯将父母对待事物的态度、情绪等作为自己的判定标准。但随着孩子年龄的不断增长，他所接触的人和事越来越多，而他要周旋于这些人和事之间，要建立良好的人际关系，要实现自己的各种目标，他就必须学会明辨是非。

在培养孩子明辨是非的能力时，父母及其他家庭成员应在生活的方方面面上达成共识，行动也要一致，要让孩子清楚地意识到哪些事情应该做、哪些不应该做。

日常生活中，父母应多带孩子外出走动，让他在与人交往或参与其他社会活动的过程中变得讲礼貌，并逐渐对事物的是非好坏有自己的评判标准。父母要让孩子懂得人与人之间需要互相理解、关心和体贴，这样才能减少误会。父母要让孩子在了解他人的过程中，懂得什么是正确的，什么是错误的，什么情况下正确的可以变成错误的，而什么情况下错误的也有可能变成正确的。父母要引导孩子学会分析事情，借助生活中的点点滴滴让孩子明白明辨是非的重要性。

【哈佛教子锦囊】

父母要多带孩子接触不同的人事物，让孩子在认识新事物的同时学习如何正确看待这些事物，从而培养孩子明辨是非的能力。父母还要引导孩子学会正确分析事物，培养孩子的分析能力。

让孩子了解生命的意义

一个小男孩和妈妈去公园里玩，他发现了一只肉乎乎的虫子，小男孩害怕得躲进了妈妈的怀里。

妈妈笑着安慰道："不怕不怕，你看它多可爱，这真是一只可爱的虫子，不是吗？"

小男孩直摇头，说："我讨厌虫子，妈妈快打死它。"

"这可不行，虫子也有活下去的意义，我们不能剥夺它的生命。"妈妈制止了小男孩。

过了几天，小男孩和妈妈又来到了这个公园，小男孩还记得当初的那只可怕的肉虫子，可是当他们走到那棵树旁的时候，他却没有发现肉虫子，只有一只茧安安静静地待在那里。

"这是什么？我们可以扔掉它吗？"小男孩不喜欢这个灰扑扑的小茧子，它太不漂亮了。

妈妈摇头说："不行，这是虫茧，也是有生命的东西。"

生命？小男孩已经是第二次听到妈妈说这个词了，但是他并不了解生命到底代表了什么。

直到第三次，他们又经过这里的时候，小男孩看到一只美丽的蝴蝶竟然从那只丑陋的虫茧里爬出来，展翅飞翔了起来。

"真漂亮。"那一刻，小男孩似乎明白什么是生命了。

很多时候，当我们询问人这一生中最重要的东西是什么时，大家都会选择回答金钱、荣誉、地位等，只有很少一部分人能想到生命这个答案。要知道，当一个人的生命不存在时，上面所说的一切也就失去了意义。

因此，父母要教导孩子客观地认识生命的意义和价值，要让孩子知道生命是宝贵的，每个人的生命只有一次，要学会珍惜生命。不过，现在越来越多的孩子无法体会到这一点，我们经常看到孩子自残、自杀的新闻，这些孩子只不过是在人生的道路上遇到了一点挫折、受了一点委屈，就离家出走甚至走上了轻生的绝路。如今，青少年自杀，自残和伤人现象屡有发生，孩子死于自杀的新闻报道令人触目惊心，这也给家庭和社会带来了极大的创伤。

因此，父母更有责任引导孩子认识并尊重自己的生命，珍惜生命、善待生命。

罗曼·罗兰说："人生不售回程票，一旦动身，绝不能复返。"要想让孩子珍惜生命，就要让孩子知道生命的意义是什么，要让孩子知道每个人的生命只有一次，它是不可复制、不可替代的。如此宝贵的生命，一旦夭折，不仅会危害家庭的幸福，更是社会的损失。或许，在那些被轻视的生命中，就有未来的科学家、文学家和艺术家。所以，父母有责任照顾好孩子，并对他们进行珍爱生命的教育，让孩子懂得尊重生命、珍爱生命、善待生命，从而平安健康地成长。

另外，父母还应该教育孩子要学会尊重自己和他人的生命。因为生命不仅仅是属于自己的，更是父母赐予的。每个孩子的成长都寄托着父母深深的期望、关怀和爱护，如果孩子只因为成绩不理想就选择自残、自杀，只因为一点冲突就伤人，那将给喜欢自己、关心自己、爱护自己的人带来一生的伤痛。父母要让孩子感悟生命的宝贵和脆弱，激发孩子尊重、珍惜生命的意识，要让孩子掌握自救知识，学会保护自己，远离危险，健康安全地成长。

就像有位哲人所说："生命唯因其短，故应把它列入人类最壮丽的文明史中以获得永恒；生命也唯因其短，更要加倍珍惜每刻青春，使它在有限的生命线段内尽可能发出最大的光和热。"这才是对待生命的正确态度。

【哈佛教子锦囊】

生命是很宝贵的，父母要让孩子从小树立正确的生命价值观，不要让孩子因为一时的挫折就放弃自我，甚至是放弃生命。

父母要多关注孩子，这样才能及时发现孩子的不良情绪，帮助孩子客观地看待问题。当发现孩子的情绪低落时，父母要第一时间和孩子进行沟通，让孩子了解生命的重要性，疏解孩子的不良情绪。

告诉孩子，幸福不是靠金钱来衡量的

可米正在看故事书，故事里有位国王，他有很多的城堡和财富，可是他依旧觉得不幸福，于是他花了大把的金钱去买幸福，但他怎么都买不到，还被别人嘲笑：有钱还不幸福。

可米也不明白，有钱难道不是一件很幸福的事情吗？于是他去问妈妈："妈妈，有钱不幸福吗？"

"有钱当然是一件好事，但幸福不是靠金钱来衡量的。"妈妈告诉可米，"幸福的人是快乐的、是满足的、是乐观开朗的，这和他们有没有钱没有关系。没有钱，快乐的人依旧快乐，满足的人依旧满足，开朗的人也不会变得抑郁。"

"原来是这样。"可米笑着说道，"那我也是幸福的，因为我有爸爸妈妈疼爱我。"

"是的，爸爸妈妈也因为生活中有可米而感到幸福，我们都是幸福的，不管有钱还是没钱。"妈妈也笑道。

随着社会的发展，孩子接触金钱的时间越来越早、越来越长，虽然父母可以趁机培养孩子的财富观，但如果引导不当，就会让孩子养成"一切向钱看"的习惯，什么事都要在心里用金钱衡量一番。

虽然在孩子的成长过程中进行有规划的理财教育已经成为新一代父母的必要选择，但很多父母经常用错方法，他们会尽可能地满足孩子的一切要求，导致孩子养成了金钱至上的观念。孩子热衷于比较谁的家里有钱、谁的零花钱多，这让孩子逐渐成了金钱的奴隶，习惯任何事都用金钱来衡量。

有时候钱多了并不一定是好事情，它可能诱发人贪婪的欲望，使人走向罪恶。所以说，父母应该告诉孩子：钱只有取之有道，才可以为生活锦上添花，提高人们的幸福感，但切不可沦为金钱的奴隶。如果一个人整天为了获取更多的财富而疲于奔命，那就离幸福越来越远了。所谓"知足者常乐"，这是孩子应该铭记的道理。想获得幸福，要以知足的心态面对生活，每个人的幸福各有不同，也许你没有华丽的别墅，却有温馨的家和关心爱护你的家人，这是一种幸福；也许你没有万贯家财，却有千金买不来的健康身体，这也是一种幸福。所以如何引导孩子形成正确的财富观，让孩子懂得正确对待钱财，是父母应该认真思考的一项新课题。

财富观是一个人对钱财的根本看法和态度，是和价值观、人生观紧密相连的。如何让孩子正确对待财富，比尔·盖茨和夫人梅琳达的做法值得广大父母深思：盖茨夫妇并没有将遗产留给三个孩子，决定将财产都用于慈善事业，因为他们认为留遗产"既不利于孩子，也不利于社会"。如果父母留下过多的财富给孩子，难免会在一定程度上助长孩子不思进取、贪图享乐的心理，"守财奴""败家子"在社会中也并不少见。

另外，父母要正确引导孩子不健康的攀比心理和行为。父母要告诉孩子：

幸福取决于自己的内心而不是比较，而且从学习上获得的成就感远比攀比的虚荣更让人开心。因此，父母应尽早给孩子灌输正确的金钱观，培养他们勤俭朴素的生活习惯，让孩子学会做金钱的主人，理性地掌控金钱，对金钱取之有道、用之有道。这样，孩子才能快乐地成长，享受幸福的人生。

【哈佛教子锦囊】

父母要让孩子知道幸福不是靠金钱来衡量的，真正的幸福是金钱无法买来的。父母要从小培养孩子正确的金钱观，不要让孩子成为拜金主义者。父母要杜绝孩子的攀比心理，要让孩子做金钱的主人，而不是金钱的奴隶。

第十三章

梦想，让孩子拥有
璀璨人生

给孩子自由的梦想空间

罗立的父母从小就喜欢音乐，可惜因为诸多因素，他们的梦想无法实现，于是罗立的父母就把自己的梦想"移交"给了儿子，希望他能在音乐方面有所成就，实现他们的音乐梦。

但是罗立喜欢的是读书和写字，他一直想成为一名书法家，并不想成为什么音乐家。

为此，罗立和父母几次争吵都没有吵出结果来，罗立还是每天都要去上父母替他报的音乐班，而他热爱的书法班就在音乐班楼上，但他一次也没上去过。

在这种情况下，罗立根本学不进去，学了大半年还是音不成调，这让父母十分失望。

有一天，有一位老先生找到罗立的父母，希望他们能让罗立去他的书法班上课。原来，罗立私底下偷偷在练习书法，正巧被这位老先生看到，觉得他是可造之才，就有了栽培之意，可惜罗立自己没办法决定，老先生只好找到了他的父母。

"你们要给孩子自由的梦想空间，不能你们喜欢音乐，就让不喜欢音乐的孩子也去喜欢音乐啊，这样他是无法成才的。"一番交谈后，罗立的父母终于接受了儿子不爱音乐的事实，答应让他去学书法了。

罗立十分高兴，学起自己喜欢的东西，他自然事半功倍，老先生对此也十分欣慰。罗立的父母看到儿子自从学了书法后变得越来越开朗自信，也开始真心实意地支持起儿子的梦想，为他创造舒适恬静的写作氛围，供他自由发挥自己的特长。

父母对孩子的期望总是很高的，在很多家庭中，父母不仅将全部的爱都给予了孩子，同时也将自己的期望和未实现的梦想一并强加在孩子还不够硬朗的肩膀之上。

很多父母会把自己儿时的遗憾、梦想讲给自己的孩子听，这本是一件好事，可以由父母的人生经历对孩子产生一定的激励，激发孩子产生自己的梦想并努力去实现自己的梦想。但更多的父母却在发现自己离自己的梦想渐行渐远的时候，将目光和未实现的梦想顺势都转到了孩子的身上，他们不仅把孩子当作了自己生命的延续，还当成了实现梦想的工具，希望在自己精心的培养下终有一日孩子能替自己去实现梦想，完成自己的夙愿。

父母将自己所有的期望和梦想都寄托在孩子身上，希望孩子能超越自己去圆自己的梦，这已经从根本上剥夺了孩子的自由。希望孩子成才并没有过错，但对孩子强行的施压得到的结果往往与父母的期望大相径庭。可有些父母并不知道，孩子也是个独立的个体，并不是父母的附庸和工具，他们也有自己的思想和愿望。生活中我们更常见到孩子被父母逼迫成了"全能"的高手，唱歌、跳舞、钢琴、书法等凡是有利于孩子更好适应社会的东西他们样样都要去学，孩子光鲜照人的外表下隐藏着一颗支离破碎的内心。

但是父母没有想过，成长其实是属于孩子自己的，将来走什么样的路、成为什么样的人，都应该由孩子自己来选择。他们没有义务去为父母的梦想而活，父母也不应该利用自己的威信来逼迫和左右孩子的未来，强行逼迫的后果往往只会与父母的期望背道而驰。孩子也会有自己的梦想，不应该由任何人来为孩子谋划未来。逼迫的爱并不是真正的爱，真正的爱应该是包容、理解，是给孩子自由。

父母要知道：只有在自由的空间里孩子才能发挥出更多的潜能，才能大胆去探索自己的兴趣和爱好，才能去努力成为自己想成为的人，才能去实现自己心中的梦想。父母应该尊重孩子的天性，了解孩子成长的规律，给孩子充分的自由空间，引导孩子去寻找他自己未来的目标，帮助孩子树立远大的志向，辅佐孩子去实现他自己的梦想。父母要调整好心态，认清自己的角色，站在辅导者的角度陪同孩子开心愉悦地走好自己的路。这样，孩子才会健康成长，才会更容易在人生的道路上获得成功。

【哈佛教子锦囊】

梦想是需要自由的，孩子的思维也需要一片自由的空间。所以，父母在日常生活中不要对孩子干涉太多，要给孩子自由发挥的机会，让孩子能有自由思考的空间和时间，做自己想做的事情。

为孩子的梦想建档立案

乔治一直以来都有一个梦想，他希望等自己到 30 岁的时候，能成为一名出色的成功人士。他为了这个梦想做出了很多努力，学习知识、塑造性格、培养爱好等，可是他始终不知道自己离梦想还有多远，有时候，他觉得自己照这样的步伐前进应该能成就梦想，有时候他又不自信了。

知道了乔治的苦恼之后，爸爸交给了他一本精美的笔记本，让他把自己的梦想记录在笔记本的最后一页，最开始的一页上写着：乔治的梦想档案。

原来，爸爸为乔治准备了一个档案笔记本，让乔治每为梦想迈出一步后都在笔记本上记录下来，每记录一步，他就离成功更近了一步。

爸爸告诉乔治："当你把整个笔记本记满，终于能翻到你的梦想那一页的时候，相信你已经成功地实现了自己的梦想。"

乔治开心地收下了这个笔记本，他相信，当他填满整个笔记本的时候，他一定会像爸爸说的那样，实现自己的梦想的。

很多成功人士从小就有梦想，他们为了这个梦想而努力奋斗，从来没有放弃过。我们都有理想，但有些人觉得理想太难实现，中途放弃了，有些人却为了理想而坚持、而努力，最终获得了成功。只有实现了小的理想，才有可能成就大的梦想。

因此，在人生的道路上，父母要帮助孩子寻找他的理想和梦想，要让孩子知道：人生犹如大海行船，梦想既是这船上的风帆，也是远方的灯塔。没有梦想，人生这艘巨轮就会失去航向，最后只能随波逐流。

其实，梦想是孩子的想象，它不一定能实现，却会成为激励孩子不断努力、拼搏的动力，最终帮助孩子实现自我的价值。所以，为了让孩子有前进的动力与方向，父母应从小鼓励孩子确定自己的梦想，并鼓励孩子为了梦想努力奋斗。

在帮孩子寻找到理想和梦想之后，父母应为孩子建立一个"梦想档案"，用这个"梦想档案"来提醒并引导他们沿着正确的"航向"前进。父母要让孩子把他的最终梦想写在档案中，然后每过一段时间就让孩子打开这本档案，让孩子看看他的梦想实现了多少，走到了哪一步，还需要为之做哪些努力。每隔一段时间父母就和孩子一起针对档案上的记录来修正梦想的前进方向。这个时候可以是一个月，可以是一年，由父母和孩子商量后共同决定。每过一年，父母就拿出孩子前一年填写的档案，鼓励他继续坚持自己的梦想。

【哈佛教子锦囊】

父母要支持孩子的梦想，不要制止孩子为梦想付出的行动，要让孩子感受到父母对他的尊重和爱，让孩子勇敢地朝着梦想前进。

引导孩子用行动实现梦想

有个小男孩总说自己的梦想是当一名科学家，他说自己长大以后会特别的能干，会懂得很多科学知识，会做很多科学实验，会成为特别特别伟大的人物。可是在小伙伴的眼中，他也只是会嘴上说说而已，谁都不相信他会真的成为科学家。

"为什么大家都不相信我会成为科学家呢？"回到家后，小男孩十分苦恼地找到了妈妈，向妈妈倾诉自己的委屈。他觉得自己的梦想是真的可以实现的。

妈妈听后，问他："那你为你的梦想做过什么事情吗？"

"做事情？做什么？"男孩一头雾水。

"你有没有为了实现你的梦想而努力学习，掌握很多的科学知识呢？"

"我以后学不行吗？"

"当然不行，知识是一天天积累起来的，你必须要为了自己的梦想从现在开始行动起来，只有当别人看到了你的行动，才会相信你真的会成为科学家的。"妈妈说。

原来是因为大家没有看到自己的行动啊。小男孩从那以后，真的开始认真学习科学知识，还在父母的帮助下建立了一个小小的科学实验室，只要发现有趣的事物，他总会去实验室里做实验。

这下子，小伙伴们终于相信小男孩是真的想当科学家了，而且大家相信，只要他继续努力，一定会成功实现梦想的。

很多时候，父母只要用对方法去引导，孩子都会产生对人生、对未来的想法和期盼，找到未来自己想走的路，我们把这种对生活的期盼称为"梦想"。父母要让孩子知道，梦想是成功的第一步，人类因为拥有梦想而伟大。

但是，有了梦想还不够，父母要让孩子知道，有了梦想就要开始行动，如果不付诸行动，不用行动实践自己的梦想，那么梦想就会变成空想，一切将会是一场虚无。父母要让孩子明白行动力是梦想的翅膀，要告诉孩子一旦开始动手实现自己的梦想就意味着你已经成功了一半。

不过，孩子的行动力也不是天生就有的，父母要在日常生活中培养孩子的行动力。父母要教育孩子在面对困难时，积极地想办法解决，将那些阻挡自己前进的"拦路虎"都消灭掉，最终达成自己的理想。这才是行动的意义。

很多时候，孩子明知道有一些事情要尽快行动起来，却总是找一些借口让自己拖延着不去做。面对这类孩子，父母要有足够的耐心，首先和孩子一起探讨梦想的重要性，再去了解孩子的梦想是不是离现实太遥远，从而使孩子产生了胆怯心理，因过于担心自己无法实现目标而拖延着不去做。如果是这种情况，父母不要逼迫孩子，要和孩子一起寻找最适合孩子的目标。这样一来，孩子总会被激发出潜能，成就梦想，收获成功的。

【哈佛教子锦囊】

当孩子有了梦想后，并不代表他就能获得成功。父母要让孩子在拥有梦想后行动起来，为了成功而努力拼搏。只有行动起来，才能实现梦想，从而让我们收获幸福的人生。

让孩子坚持梦想，不怕失败

有个人决定走出村庄，到大城市去创业，寻找自己的梦想。这时，村子里一位老者来送他，并对他说了三个字：不要怕。

这个人牢牢记住了老人的话，在追求梦想的过程中，不管遇到什么样的困难，他都不害怕，咬牙坚持着。有好几次，他在创业的过程中遭遇了失败的打击，想要放弃梦想，可是想到老人的话，他便努力坚持了下来。

终于，经过了十年的打拼，这个人成立了自己的公司，实现了自己少年时的创业梦。

十年后，他衣锦还乡，并找到了当初的那位老人，真诚地感谢他当初的赠言。

老人却笑道："虽然是我说了一些话，但真正让你成功的还是你自己，是你坚持了自己的梦想，是你面对失败没有放弃，是你让自己的梦想成了现实。"

俗话说：失败乃成功之母，每个人都会经历不止一次的失败，如果不能从失败中走出来，我们就很难进步。所以，父母要教育孩子，要让孩子经得起失败的打击。失败一次不可怕，可怕的是从此害怕失败，不愿意为自己的理想继续努力奋斗。父母要让孩子学会原谅自己的偶尔失败，并给自己一次改过和强大的机会。父母要引导孩子总结失败的经验教训，不能不思进取、自暴自弃，要从心理上消除失败所带来的挫败感，让孩子找到正确的前进方向，并付诸行动，努力前进。

人生的道路并不是一帆风顺的，而且每个人也并不是经历一两次失败后就会获得成功。有些时候，可能孩子努力了一次、两次，甚至是许多次，但还是失败了，这时候父母要及时帮助孩子舒缓内心的郁闷情绪，鼓励孩子走出失败的阴影，让孩子学会自我原谅。自我原谅不仅能让孩子重获自信，还能让孩子更懂得珍惜生活，养成乐观的好心态。

另外，父母还可以在孩子失败的时候给孩子一个积极的心理暗示，不要让孩子一直深陷在失败的痛苦中无法自拔，父母要告诉孩子："为了下一次的成功，要学会原谅自己。"在这种自我原谅的心理暗示下，大多数孩子都会重新振作起来，认真总结失败原因，希望能获得下一次的成功。

父母要让孩子懂得失败也是人生中的美好回忆，只有接受失败，原谅失败的自己，才会迎来成功。父母要让孩子在实现梦想时不必害怕失败和挫折，因为没有失败就没有成功，就不会体会到实现梦想的喜悦和成就感。

【哈佛教子锦囊】

当孩子在实现梦想的道路上遇到挫折和困难的时候，父母要及时开导孩子，告诉孩子：要允许自己有失败的时候，要正确看待梦想路上的失败，并吸取失败的经验和教训，重新振作起来，继续为梦想努力。

告诉孩子，梦想需要付出努力

有一个商人做生意赔了很多钱，因此他整天愁眉苦脸，一直在想办法让自己时来运转，发一笔大财。可是他却不想再受创业的苦，梦想着突然有一天就拥有了巨额财富，过上奢侈幸福的生活。

有一天，商人运送货物时借宿在一座教堂里。晚上，他对着上帝的雕像跪拜，祈祷上帝能帮助自己实现发财梦。

商人由于很累，刚刚祈祷了一会儿就进入了梦乡。

在梦中，他梦见自己来到了一户非常有钱的人家，那里装饰豪华，院子里有假山湖水、奇花异草，屋里有漂亮的家具和一些奇珍异宝。

一位大富翁竟然热情地将他迎到客厅里，对他说："你做我的女婿吧，我把女儿嫁给你。"

于是，他就娶了位漂亮又有钱的妻子，不久后他做生意成功，拥有了很多钱。

他的妻子温柔贤惠，他的孩子也十分出色。商人无忧无虑地生活着，有享受不尽的荣华富贵，身边又有妻儿相伴，过得快乐极了。

就在这个时候，商人觉得有点冷，他睁眼一看，发现自己刚才只不过是做了场梦，现在他还是坐在教堂里，口袋里只有一点钱。

人生犹如大海行船，那些能在大海中自由自在遨游的人，他们之所以能取得可喜的成就，不仅仅是因为他们从小就有奋斗的目标，还因为他们从小就有自己的梦想，并为了实现自己的梦想始终坚持不停地奋斗，从来没有不付出就想要得到回报。

有些父母可能会怀疑这么小的孩子会有梦想，觉得他们每天只会淘气和玩耍，就算偶尔有点想法，那也是幼稚的，是无法成为人生目标的。虽然对父母而言，孩子的梦想或许只是一种想象，它不一定能实现，却能激励着孩子不断进步，能成为孩子拼搏向上的动力。人类最神奇的遗传因子，就是那善于建立梦想的力量。所以，为了让孩子获得前进的动力，为了增强他应对前进道路上各种困难与挫折的力量，父母应从小鼓励孩子确定并坚持自己的梦想，并帮助孩子确立人生目标。日常生活中，父母应时常与孩子进行情感交流，倾听孩子内心的声音，了解孩子的兴趣和爱好。一般情况下，孩子的梦想都与其兴趣、爱好、特长等相关，所以父母应认真观察、了解孩子，要因势利导，教孩子确立相对稳定的且容易坚持的目标。定好了小目标，父母再结合孩子的意见，帮助孩子确立一个大的人生目标，并为了实现这个目标而制订多个小目标，再一个一个实现这些小目标。

当了解到孩子的想法后，父母不要因为孩子的想法过于幼稚就马上否定。很多父母都把孩子当作自己的"私产"，从不把孩子当成一个独立的个体，不会站在孩子的立场上思考问题。一旦觉得孩子的想法不实际，父母就会否定孩子的想法，包括孩子为自己确立的梦想。但父母不知道的是，对孩子来说，获得父母的尊重与认可，这会让他更加有信心和毅力去把梦想坚持到底。

当父母帮助孩子一起确立了目标和前进的方向后，父母要给孩子提供一些向理想前进的实践机会。让孩子在具体的奋斗过程中不断提升自己的能力，并获得一些成功的体验和失败的经验。这样一来，孩子就会变得更加自信，自身的各种潜能也能得到更好的发挥。

【哈佛教子锦囊】

父母要让孩子知道，天上不会掉下馅饼来，不要想着不努力就会实现梦想，既然有了梦想，就要为了梦想努力，这样才能获得成功。

让孩子明白，小梦想也能成就大梦想

麦可有一个小小的梦想，他想每次考试都得优，这样他就能得到父母的称赞、老师的夸奖，还会得到小伙伴们的羡慕。为了实现这个小小的梦想，麦可每次都认真听课，完成老师布置的每一项任务和作业。

一年以后，麦可终于实现了这个小小的梦想，每次考试他都能得到一个大大的优。

这个时候，麦可把目光放到了别人身上，他想：我已经获得了自己想要的，其他人肯定也希望得到父母、老师和同学的认可。所以，他又有了一个梦想，他要帮助班级里的差生补课，也让他们获得优等成绩。

在以后的日子里，麦可开始了忙碌但开心的学习生涯，虽然他没有完全实现自己的梦想，但班里的同学成绩都有所提高，同学们感激他，老师也很欣慰，父母更是为他感到骄傲。

当班里的同学成绩提高了后，麦可又想到了上不起学的那些小伙伴，又开始为他们教学……

就这样，麦可从实现一个小小的梦想开始，最终成了一位受人尊敬的慈善家。而他在成为慈善家后，依旧有新的梦想，便是想要为更多的人谋求福利。

很多孩子可能无法从小就有远大的梦想，他们有的只是一些小想法，比如，想完成今天的作业，想不和小伙伴生气，想吃到一直想吃的冰激凌。这些想法根本谈不上梦想，但有想法总比没想法好。有时候，一个小想法可能会改变孩子，让孩子产生新的、更有意义的大想法，大想法又会变成小梦想，而小梦想，则最终会成为大梦想，成就孩子的一生。

但是不管是小想法还是大梦想，如果孩子并没有在生活中为此而努力，那么他就算活一百岁，也无法去实现它们。所以，父母在面对孩子的小想法时，就要用点心，为他实现理想提前做出铺垫和努力。

要想成就一番大事，父母就要让孩子从小事做起，从自己做起，注意每一个细节，杜绝"差不多、大概、可能、基本上"等想法的出现，这样才能实现梦想，成为社会真正需要的人。

现在这个社会中，很多孩子因为生活环境的影响，逐渐养成了眼高手低、好高骛远，看不起日常生活中的小事的坏习惯，这样的孩子长大后是很难有大作为的。因此，父母在教导孩子要有远大理想的同时，还要教育他们"要做大事，先做小事"的道理，让孩子从小事做起，承担起身上的责任，为实现自己的梦想而努力。

因此，在孩子的成长过程中，父母不仅要帮助他树立远大的理想和志向，还应让孩子知道"要做大事，应先做好小事"的道理，让孩子的小梦想最终成就孩子的大梦想。

【哈佛教子锦囊】

做事情不能只注重大事，而忽略小事。梦想也一样，只有实现了一个个小梦想，才能成就大的梦想。